# 中国期刊数字出版技术变迁研究

张立伟 著

知识产权出版社
全国百佳图书出版单位

**图书在版编目（CIP）数据**

中国期刊数字出版技术变迁研究 / 张立伟著 . —北京：知识产权出版社，2019.8
ISBN 978-7-5130-6310-4

Ⅰ.①中…　Ⅱ.①张…　Ⅲ.①电子期刊—出版工作—研究—中国　Ⅳ.① G237.6

中国版本图书馆 CIP 数据核字（2019）第 117475 号

**内容提要**

本书从科技史角度对中国期刊数字出版技术的发展进行了全面、深入的研究，梳理了中国期刊数字出版技术的发展脉络，探索其发展规律，对促进我国期刊数字出版业科学发展、深化中国出版史研究、完善出版史学科体系具有重要的理论及现实意义。

**责任编辑：** 高　源　　　　**责任印制：** 孙婷婷

## 中国期刊数字出版技术变迁研究

ZHONGGUO QIKAN SHUZI CHUBAN JISHU BIANQIAN YANJIU

张立伟　著

| | | | |
|---|---|---|---|
| **出版发行：** | 知识产权出版社有限责任公司 | **网　　址：** | http：//www.ipph.cn |
| **电　　话：** | 010-82004826 | | http：//www.laichushu.com |
| **社　　址：** | 北京市海淀区气象路 50 号院 | **邮　　编：** | 100081 |
| **责编电话：** | 010-82000860 转 8701 | **责编邮箱：** | laichushu@cnipr.com |
| **发行电话：** | 010-82000860 转 8101 | **发行传真：** | 010-82000893 |
| **印　　刷：** | 北京建宏印刷有限公司 | **经　　销：** | 各大网上书店、新华书店及相关专业书店 |
| **开　　本：** | 720mm × 1000mm　1/16 | **印　　张：** | 11.75 |
| **版　　次：** | 2019 年 8 月第 1 版 | **印　　次：** | 2019 年 8 月第 1 次印刷 |
| **字　　数：** | 200 千字 | **定　　价：** | 68.00 元 |

ISBN 978-7-5130-6310-4

# 前言

PREFACE

在人类社会的发展进程中，出版技术扮演了至关重要的角色，人类社会的每一次文明进步都与出版技术密切相关。20 世纪 80 年代中期以来，世界范围内的科学技术日新月异，电子及网络信息技术飞速发展，导致中国经济、社会、文化等各领域都发生了重大而深刻的变革。在这一背景下，中国期刊数字出版产业迅速崛起，期刊数字出版技术得以蓬勃发展。

目前，从科技史角度对中国期刊数字出版技术发展问题进行的全面、深入的研究几乎为空白。站在多学科视角对中国期刊数字出版技术变迁进行深入研究，梳理中国期刊数字出版技术的发展脉络，探索其发展规律，对促进我国期刊数字出版业科学发展、深化中国出版史研究、完善出版史学科体系及提升我国文化软实力、推动文化产业乃至国民经济的可持续发展都具有极为重要的理论及现实意义。

纵观中国期刊数字出版技术的发展历程，以电子计算机技术的应用，互联网技术的引入与发展，IPV6 核心网及 3G、4G 移动网络技术在期刊数字出版领域的应用等重大技术突破为线索，根据不同时期的政治、经济、文化及社会背景，可以将中国期刊数字出版技术的变迁过程划分为“期刊数字出版技术的奠基”“期刊数字出版技术体系的初步形成”“期刊数字出版技术的创新与发展”三个阶段。

党的十一届三中全会以后，我国实行了对内改革、对外开放的政策，经济社会发生了重大变革。改革开放不仅带来了中国经济的腾飞和繁荣，也带来了包括科技、文化、社会等各个领域的蓬勃发展，中国呈现出焕然一新的面貌。在这一时代变革的背景下，人们对文化的需求日益增长，出版业作为文化产业的重要组成部分，迎来了巨大的发展契机。在这一时期，电子计算机技术开始在我国出版领域得到应用，我国实现了一系列出版技术的突破。第一，实现了汉字进入计算机的重大突破，即汉字数字化；第二，激光照排技术进行了中国印刷技术的第二次革命，使中国印刷业进入告别“铅与火”、迎来“光与电”的崭新时期；第三，磁、光等信息存储技术的应用颠覆了传统的纸质信息存储方式，实现了信息存储的数字化。这些关键技术的突破奠定了我国出版领域数字化的基础，电子出版技术开始出现，中国出版业迎来了巨大变革。我国在对国外各类磁带数据库、光盘数据库引进的基础上，研发了《中国高等院校学报论文文摘（英文磁带版）》（CUJA）和《中文科技期刊篇名数据库》（光盘版）；出现了以软盘形式出版的电子期刊；方正书版、科印微机排版系统、华光普及型（BD）排版系统、4S 高级科技文献书刊编排系统、WP 软件等计算机排版软件得到了初步应用，我国出现了期刊数字化的萌芽。

1994 年 4 月 20 日，一条带宽只有 64K 的国际专线接入中国，开通了因特网的全功能服务，互联网技术开始在中国得到广泛应用。在文化产业兴起、经济全球化及一体化背景下，我国期刊数字出版产业逐步发展壮大。互联网技术在我国的出现及其在期刊出版领域的应用赋予了传统期刊出版方式和运营模式新的活力与内涵，同时也给期刊出版工作带来了影响和挑战。网络信息技术在期刊出版领域的广泛应用，推动了期刊采编技术、制版及印刷技术、发行及阅读技术的数字化变革，期刊出版逐步向网络化、一体化方向发展，我国期刊数字出版技术体系初步形成。

“文化产业大发展大繁荣”与“经济发展方式转变”等一系列政策的实施，推动了我国期刊数字出版产业的又一次重大变革。IPV6 核心网的建立及移动 3G、4G 通信技术的应用，促进了我国期刊数字出版技术的创新与发展。在期刊稿件采编技术方面，期刊网络采编系统被广泛采用，一批期刊群采编平台得到了建设与发展。同时，参考文献辅助编校系统及学术不端检测系统在期刊出版过程中得到了普遍应用。在期刊的数字发行与阅读方面，一些OA期刊在线发布平台得以建立，期刊发行实现了开放阅读、自由传播和资源共享；3G、4G移动通信网络技术的发展使被称为“第五媒体”的手机开始从单纯的通信工具转向移动媒体终端，三网融合、三屏功能合一技术进一步深入，数字期刊的移动终端阅读技术得到快速发展；采用P2P技术并集合了Flash动画、TVC视频、音频、Web控件、3D技术和超级链接等多媒体技术的网络多媒体互动杂志在这一时期大量涌现，VIVA无线新媒体手机杂志等一批手机期刊出版平台迅速发展。同时，数字出版技术的发展推动了专业期刊平台运营模式的变迁，一些数字期刊出版平台纷纷采用独家授权数字出版模式，专业期刊平台呈现市场分工逐步细化的态势；此外，云计算技术的应用实现了期刊数字出版的全流程管理，且已经成为我国期刊出版技术进一步发展的方向。

纵观中国期刊数字出版技术的发展史，其变迁过程呈现出迅速性、渐进性及集成性的特征。计算机及网络信息技术的应用、经济全球化与经济发展方式转变、工业社会向信息社会的跨越、文化产业的崛起与繁荣、数字出版教育及研究等因素推动了中国期刊数字出版技术的发展。可以说，中国期刊数字出版技术的变迁促进了期刊出版的跨媒体融合，增强了人们获取期刊信息的能力，加快了中文期刊走向世界的步伐，推动了期刊数字出版及相关产业的繁荣，并对传统期刊出版业产生了双重影响。

未来，期刊数字出版技术将进一步向跨媒体、立体化方向发展；其数字阅读技术将进入“后终端时代”，内容依然为王；“注重用户体验”将成为期刊数字出版技术创新的主要方向；期刊数字出版技术的发展对专业人才的需求将会更为迫切；期刊数字出版技术创新的盈利模式将会逐步清晰。

然而，当前我国期刊数字出版技术的发展在人才储备与培养、产业链条及行业标准、版权保护及监管机制、集群创新及盈利模式等方面还存在诸多问题，这些问题制约着中国期刊数字出版技术的创新。要彻底扫除发展中的障碍，实现我国期刊数字出版技术的持续创新，就必须在增强自主创新能力方面下功夫。要不断提高期刊数字出版人才的培养水平，在科学整合期刊数字出版产业、优化产业链利益分配的基础上，进一步加强期刊数字出版的版权保护力度，构建有效的监管机制，在更大程度上形成期刊数字出版的集群创新机制及有效的盈利模式。只有这样，才能从根本上促进我国期刊数字出版技术的创新，实现期刊数字出版产业的可持续发展。

# 目录

CONTENTS

# 第一章　绪　　论

## 一、选题依据及意义

2014 年 2 月 27 日，习近平总书记在主持召开中央网络安全和信息化领导小组第一次会议时指出："当今世界，信息技术革命日新月异，对国际政治、经济、文化、社会、军事等领域发展产生了深刻影响。信息化和经济全球化相互促进，互联网已经融入社会生活方方面面，深刻改变了人们的生产和生活方式。"[1] 以信息技术为代表的新科技革命不断取得突破，正日益把人类社会带入崭新的"信息化"时代，推动着人类社会以前所未有的速度向前发展。当今，经济全球化、一体化进程不断加快，信息社会逐步形成。在经济全球化与一体化进程中，经济不再以传统工业为产业支柱，国与国之间的竞争不仅体现在经济力和军事实力方面，更重要的是体现在科技力和文化力方面，科技及文化的地位和作用日益凸显，且二者有不断融合的趋势。科技进步与文化发展的融合极大地推动了经济增长、民族进步和社会和谐。当前，经济的文化化和文化的经济化已成为不可逆转的发展趋势，文化产业成为发展最快的朝阳产业之一。

新闻出版业是文化产业的重要构成，也是一个国家软实力的重要组成部分。近年来，随着现代电子及网络信息技术的飞速发展，全球出版业正经历着由传统出版向数字出版的重大变革。相对传统出版而言，数字出版是建立在电子计算机技术、通信技术、网络技术、存储技术、跨媒体技

---

[1] 习近平主持召开中央网络安全和信息化领导小组第一次会议强调 总体布局统筹各方创新发展 努力把我国建设成为网络强国［N］. 人民日报，2014-02-28.

术、显示技术等现代高新技术基础上发展起来的新兴出版产业。从技术发展的某种意义上说，数字出版融合并超越了传统出版。当前，数字出版已成为我国新闻出版业新的经济增长点，我国已将“积极推动传统出版企业向数字出版转型”作为新闻出版业改革的核心任务之一。[1]《中华人民共和国国民经济和社会发展第十三个五年规划纲要》明确提出，“加快发展网络视听、移动多媒体、数字出版、动漫游戏等新兴产业”，“数字出版”首次被列入国家五年规划纲要。数字出版业的发展及其相关问题已经成为学界研究的热点。

期刊是文化传播的重要载体，在传承科学文化、传播实用信息、丰富精神文化生活等方面具有不可替代的独特功能，在人类文明发展进程中发挥了积极的作用。期刊出版是新闻出版业的重要组成部分，是我国文化软实力建设的重要方面。随着数字出版技术的发展，我国期刊数字化建设取得了长足进步。根据中国新闻出版研究院发布的《2017—2018 中国数字出版产业年度报告》的统计，2017 年我国互联网期刊出版行业的市场营业收入达 20.1 亿元[2]，已初具规模，数字期刊在我国数字出版产业发展中占有重要地位。

技术创新是期刊出版数字化发展的关键。习近平总书记指出，“建设网络强国，要有自己的技术，有过硬的技术”[3]，“要推动产业数字化，利用互联网新技术新应用对传统产业进行全方位、全角度、全链条的改造，提高全要素生产率，释放数字对经济发展的放大、叠加、倍增作用”[4]。目前，关于中国期刊的数字化发展问题，学界已有一些成果，但总体来看，这些成果大都是关注于技术本身或是基于经济学、管理学、法学视角的关于期刊数字出

---

[1] 严隽琪. 积极推进传统出版向数字出版转型［N］. 中国新闻出版报，2012-08-30.

[2] 李明远.《2017—2018 中国数字出版产业年度报告》发布［N］. 中国新闻出版广电报，2018-07-25.

[3] 习近平主持召开中央网络安全和信息化领导小组第一次会议强调 总体布局统筹各方创新发展 努力把我国建设成为网络强国［N］. 人民日报，2014-02-28.

[4] 习近平. 敏锐抓住信息化发展历史机遇 自主创新推进网络强国建设［N］. 人民日报，2018-04-22.

版发展模式、发展路径及知识产权等方面的研究，而从技术变迁角度对中国期刊数字出版进行的全面、深入的研究几乎为空白。新闻出版业作为文化产业的重要组成部分，不仅具有重要的经济功能，更承担着重要的意识形态功能，其功能的双重性决定了新闻出版业问题的研究应是跨专业、跨学科、跨领域的。期刊数字出版技术发展史研究是中国文化产业研究的重要组成部分，站在多学科视角对中国期刊数字出版技术变迁问题进行深入研究，梳理中国期刊数字出版技术的发展脉络，探索其发展规律，对于促进我国期刊数字出版业的科学发展，深化中国出版史研究，完善出版史学科体系及提升我国文化软实力，推动文化产业乃至国民经济的长期、快速、可持续发展都具有重要的理论及现实意义。具体表现在以下几个方面。

第一，对中国期刊数字出版技术变迁问题进行全面、深入的研究具有极为重要的理论意义。

我国是世界上最早发明纸张和活版印刷术的国家，出版技术发展历史悠久，在世界出版业的发展史中占有重要地位，为世界文明的传承和人类的进步作出了巨大贡献。期刊数字出版业是新闻出版业发展的重要组成部分，具有独特的发展轨迹和发展规律，并表现出了不同于传统期刊出版的新型发展模式，这就决定了我们不能用传统出版业的发展眼光来看待现代期刊数字出版业的发展。中国期刊数字出版业起步时间较短，理论积累不深，发展过程几乎是摸着石头过河，没有适合我国期刊业发展实际的现成经验可以借鉴。因此，对中国期刊数字出版技术发展历程及发展规律的深入研究，可以填补学界在这一方面的空白，对于中国出版学学科体系的完善具有重要意义，同时也可以为未来我国期刊数字出版业的可持续发展提供理论借鉴。

第二，中国期刊数字出版技术发展脉络及发展规律研究对提升国家文化软实力具有重要推动作用。

“软实力”是相对于经济、科技、军事等“硬实力”而言的，集中体现了一个国家（或地区）的非物质影响力，是一个国家（或地区）核心实力的重要体现。文化软实力主要是指一个国家（或地区）的文化价值观、意识形态、社会制度、文化模式、对外交往所表现出来的凝聚力、吸引力、影响力和竞争力，是相对于经济、军事等刚性力量而言的软性力量，是世界各国（或地区）制定文化发展战略的重要参照系。[1]文化软实力的核心是思想、制度、原则等价值观念，这些价值观念的表达载体是文化产品，而新闻出版业正肩负着提供文化产品、丰富文化内容的使命。在这一方面，期刊既以较快的传播速度区别于传统的书籍，又以较大的容量和较从容的传播时间区别于报纸，在思想、观念的传播方面发挥着重要作用。因此，促进期刊出版业的健康与可持续发展是提升文化软实力的重要途径。数字出版产业是新兴的高技术产业，它在带来巨大经济利益的同时，也给人们带来了更高质量的精神文化享受。发展期刊数字出版产业、提升国家文化软实力已经成为新时期国家对文化产业发展的更高要求。因此，对我国期刊数字出版技术发展历程及发展规律的深入研究，对于从根本上推动我国期刊出版技术创新、进而推动文化大发展大繁荣、提升国家文化软实力等方面都具有重要的现实意义。

第三，对中国期刊数字出版技术发展脉络及发展规律的研究，对于转变网络信息时代经济发展方式具有重要的现实意义。

改革开放四十年来，我国经济社会发生了深刻变革，国家发展取得了令世界瞩目的巨大成就，经济总量已经位居世界前列，国际影响力日益提升。但长期以来，我国在经济发展的过程中一直走低成本、低价格的路线，其集中表现就是粗放的经济发展模式。面对资源环境等约束条件的改变，转变经济发展方式已刻不容缓。在目前条件下，大力发展低污染、低消耗的高技术新兴产业是转变经济发展方式的重要途径。在这方面，创新能力强的数字出版产业无疑是最具有代表性的，其与转变经济发展方式的思路高度契合。新闻出版业是文化产业发展的孵化器和助推器，在推进文化事业、文化产业发展方面具有极其重要的作用。与传统出版业相比，数字出版在节约资源、保护环境方面的巨大优势毋庸置疑。近年来，以网络信息技术、手机出版及阅读技术为代表的数字出版技术以其良好的互动性和便携性，推动了绿色阅读的普及，成为推动节能减排和绿色环保的主力军。数字出版业是资源消耗低、环境污染少、涉及领域广、产业链条长、

[1] 沈红宇. 当代中国文化软实力问题研究［D］. 北京：中共中央党校，2013：20.

发展潜力好的朝阳产业，而期刊数字出版作为数字出版的重要组成部分，在转变经济发展方式方面也正发挥着积极作用。因此，对我国期刊数字出版技术发展问题进行深入研究，对于推动信息时代经济发展方式转变及绿色文化产业的形成都具有重要的现实意义。

第四，对中国期刊数字出版技术发展脉络及发展规律的研究，能够为推动我国新闻出版业体制改革、机制创新及实现期刊出版业的可持续发展提供理论保证。

党的十一届三中全会以来，伴随着经济体制改革的逐步实施，我国政治、文化和社会事业改革不断推进。多年来，出版体制改革问题作为文化体制改革的重要方面始终是学界研究的热点。出版体制改革是出版制度创新与变迁的过程，也是体制转型的过程，是一个变化着的、与时俱进的概念。从根本上说，出版体制改革的目的就是要进一步解放出版业生产力，改变在原有体制下形成的阻碍出版业生产力发展的旧的体系和制度，给予出版业更大的发展动力，并使其焕发出更加强盛的生命力。数字出版业作为未来出版业发展的重点，必然要肩负起这一改革使命。中国出版业的体制改革既是一个理论课题，又是一个实践课题，需要强大的理论作保证。一方面，对我国期刊数字出版技术发展历程及发展规律的深入研究，能够在提高出版体制改革的理论性和科学性方面发挥积极作用，解决其改革理论基础欠缺的问题，从而能够更加自觉地指导中国出版体制改革及机制创新；另一方面，对期刊数字出版业发展规律的研究，能够更加准确地把握中国期刊出版业体制改革的脉络和基本架构，从而能够更有效地解决中国期刊出版业体制改革的路径依赖问题，这对实现中国期刊出版业的可持续发展及促进我国文化产业的大发展大繁荣意义重大。

## 二、主要研究方法

第一，文献研究法。以文献资料为基础的研究方法是本书采用的最基本的方法。在广泛收集、整理与归类有关中国期刊数字出版文献资料的基础上，本书对中国期刊数字出版技术的变迁进行了较为全面、深入的研究。笔者收集并查阅了有关电子出版、网络出版、跨媒体出版等期刊数字出版业态的工艺技术、传播介质、编辑思路与流程、商业模式与流通方式等方面的大量文献资料，并有针对性地进行研读，形成了本书的研究思路与理论依据。

第二，实地调查法。鉴于目前学界对中国期刊数字出版技术发展史研究的匮乏，为收集更多有关中国期刊数字出版技术发展的相关资料，笔者先后走访了多家期刊杂志社（编辑部），拜访了多位一线期刊编辑工作者，获得了在书本上无法得到的第一手资料，为本书的研究奠定了较为坚实的基础。

第三，统计分析法。对中国期刊数字出版技术变迁问题的研究是一个内容相当丰富的选题，范围较为宽泛，在研究过程中必然涉及期刊数字出版产业发展的诸多相关领域，而这些都离不开统计分析法的运用。本书使用了大量关于我国期刊数字出版及其相关产业发展方面的数据，通过对这些数据进行分析，比较直观地反映了中国期刊数字出版产业发展及技术变迁的基本状况，力求做到定性与定量相结合，以期找出其变化趋势和规律，形象而又简明地说明问题或证明论点。

此外，出版技术的产生和发展必然同社会、经济、文化水平息息相关，这就决定了对期刊数字出版技术变迁研究的综合性特征。因此，对期刊数字出版技术发展问题的研究离不开其他相关学科的支撑。本书从多学科角度出发对中国期刊数字出版技术的变迁问题进行全面审视，力求达到对其系统性、完整性的认识，揭示其发展规律，为现在和未来中国期刊数字出版技术及期刊数字出版产业的发展提供理论依据。

## 三、创新之处及可能存在的问题

第一，创新之处。

一是本书首次全面、系统地研究了中国期刊数字出版技术的变迁史。在中国出版史的研究中，有关数字出版技术史的研究始终是一个薄弱环节，国内外学者很少涉及，而对于期刊数字出版技术发展史，学界论及更少。从总体上看，已有相关成果大都关注技术本身或产业发展方面的研究，从科技史角度对中国期刊数字出版技术变迁问题进行全面、深入的研究几乎为空白。本书首次对中国期刊数字出版技术的变迁史进行深入研究，不仅填补了目前学界在这一领域的研究空白，还有助于从历史进程上认识和把握我国期刊数字出版技术发展的一般规律，更好地为我国期刊数字出版技术的进一步发展提供理论借鉴。

二是本书将中国期刊数字出版技术变迁的过程置于经济、社会、文化的大背景下进行研究，拓宽了研究视野。在以往中国期刊数字出版的相关成果中，缺乏对技术发展的动因、技术发展与社会环境相互作用关系的深入研究，相关资料较为零散，缺乏系统性，研究的广度和深度不够。而本书将中国期刊数字出版技术的发展放置于经济、社会、文化的大背景下进行深入分析，并对其技术变迁的特征、动因及经济社会影响进行系统考查和总结，拓宽了研究视野，具有一定的创新性。

第二，可能存在的问题。

一是期刊数字出版技术的发展史是一个涉及面极广的综合性课题，研究过程中必然会涉及法学、经济学、传播学、管理学、计算机及网络信息科学等众多学科的专业知识。由于笔者学识所限，对相关专业知识积累不够，可能会在一定程度上影响到研究的深度和广度。

二是笔者对中国期刊数字出版技术发展的相关数据掌握还不够全面，在一些方面还存在缺失，因此，在定量研究方面可能会有一定的局限性。

# 第二章　概念界定、产业发展概况与历史分期

## 第一节　相关概念界定

目前，学界对“数字出版”相关概念的界定还存在混淆现象，厘清相关概念对于本书的研究至关重要。以下将对期刊与杂志，电子出版、网络出版与数字出版，期刊数字出版与期刊数字出版技术的概念进行科学界定。

### 一、期刊与杂志

关于期刊与杂志的区别，国内尚无统一定论，对期刊与杂志的概念也有多种提法。目前，学界主要有三种观点。第一种观点认为，期刊与杂志是同一形式的出版物，只是提法不同，即期刊又称杂志。赞同此种观点的人数较多，无论是在相关主管部门的正式公文中，还是在广大作者、读者的平常口语中，几乎都认同此种观点，被人们普遍接受。第二种观点认为，期刊包含杂志，即杂志是期刊的一种。持这种观点的人认为，凡一切连续出版物都属于期刊的范畴，期刊包括杂志、报纸和集刊三类。[1]第三种观点认为，杂志包含期刊，杂志包括定期与不定期的连续出版物，而期

[1] 张觉明. 现代杂志编辑学［M］. 北京：中国书籍出版社，1987.

刊主要指定期出版的连续出版物，即期刊属于杂志的一种。❶

一些学者对这一分歧进行总结，将“期刊”一词概括为广义和狭义两种概念。广义的期刊相当于连续出版物；狭义的期刊又称杂志，不包括报纸、丛刊等连续出版物。我国1985年批准实施的国家标准《GB/T 3792.3—1985连续出版物著录规则》对连续出版物的定义为：具有统一的题名，定期或不定期以连续分册形式出版，有卷期或年月标识，并且计划无限期地连续出版的印刷或非印刷形式的出版物。连续出版物的外延包括期刊、报纸、年度出版物、丛刊等无限期连续出版的文献。从以上表述中可以看出，期刊与连续出版物不是等同关系，期刊是连续出版物的一种。

我国国家标准对“连续出版物”这一概念进行了定义，但并未涉及“期刊”的具体概念。由中国社会科学院语言研究所词典编辑室编著的《现代汉语词典》将期刊定义为“按一定时期出版的刊物”❷。我国权威工具书《辞海》对期刊的定义为：期刊，又称杂志，是根据一定的编辑方针，将众多作者的作品汇集装订成册，定期或不定期出版的连续出版物。联合国教科文组织将期刊定义为：凡是标题连续不断（无限期）且定期与不定期出版，每年至少出版一期（次）以上，每期均有期次编号或注明日期的均可称为期刊。我国国家新闻出版署在1988年11月发布的《期刊管理暂行规定》中将期刊定义为“有固定名称，用卷、期或年、月顺序编号，成册的连续出版物”。

参照各家说法，结合我国期刊业发展实际，本书对期刊作如下界定。期刊，又称杂志，是指期刊编辑出版单位遵循一定的办刊宗旨，在统一的题名下，根据特定的编辑方针进行组稿、编辑、出版的传播、交流文化科学知识的定期或不定期的、意欲无限期编辑的连续出版物；在内容上每期汇集众多作者不同类型的文章，刊载不同作者观点或报道各种信息，以统

❶ 徐柏容．期刊编辑学概论［M］．沈阳：辽宁教育出版社，1995；龚维忠．杂志与期刊概念辨析［J］．湘潭大学学报（哲学社会科学版），2004（6）．

❷ 中国社会科学院语言研究所词典编辑室．现代汉语词典（第6版）［Z］．北京：商务印书馆，2012：1015．

一的装帧形式装订成册；每期依次标明卷、期或年、月等顺序，每期版式基本相同。

根据上述对期刊的定义可知，期刊即为杂志。期刊的基本特征应包括五个方面，即连续出版、每年至少出版一期（次）、有卷期（或年、月）等表示无限期连续出版下去的序号、有统一固定的刊名、由众多作者的作品汇编成册，由此可以把期刊与报纸、图书等其他出版物区别开来。此外，期刊一般不再版或修订；有国际标准连续出版物编号（ISSN）、国内统一刊号（CN）；有统一的开本和装帧形式；有稳定的编辑部和内容范围等。

以期刊的不同属性作为划分标准，期刊可分为不同的类型。按出版规律划分，可分为定期期刊和不定期期刊；按出版周期划分，可分为旬刊、半月刊、月刊、双月刊、季刊、半年刊和年刊等；按载体形态划分，可分为印刷型期刊、缩微型期刊、光盘型期刊、网络型期刊等；按内容性质划分，可分为娱乐休闲期刊、科学普及期刊、综合性期刊、社会科学期刊、自然科学期刊、工程技术期刊等；按读者对象划分，可分为少儿期刊、青年期刊、中年期刊、老年期刊、妇女期刊等；按出版主办单位划分，可分为国家级期刊、省级期刊和市县级期刊等；按文献级别划分，可分为一次文献期刊和二次文献期刊等；按期刊的学术地位划分，可分为核心期刊和非核心期刊；等等。

## 二、电子出版、网络出版与数字出版

20世纪80年代以来，随着汉字数字化技术的实现及电子、网络信息技术的发展，我国数字出版产业异军突起，“电子出版”“网络出版”“数字出版”等词汇在科学研究及实践应用中被广泛使用。在实际应用中，“数字出版”常与“电子出版”“网络出版”等概念混用，界限极不清晰。厘清电子出版、网络出版与数字出版的概念，对本研究具有重要意义。

### （一）电子出版

目前，关于电子出版的定义较多。《辞海》将“电子出版”定义为“利用电子计算机技术制作电子出版物的工艺过程”。1997年12月30日，由国家新闻出版署颁布的《电子出版物管理规定》将电子出版物定义为“以数字代码方式将图文声像等信息存储在磁、光、电等介质上，通过计算机或者具有类似功能的设备阅读使用，用于表达思想、普及知识和积累文化，并可复制发行的大众媒体，其媒体形态包括软磁盘（FD）、只读光盘（CD-ROM）、交互式光盘（CD-I）、照片光盘（Photo-CD）、高密度只读光盘（DVD-ROM）、集成电路卡（IC Card）和新闻出版署认定的其他媒体形态”[1]。

通过以上表述可知，电子出版是指将图、文、声、像等所有信息以统一的二进制代码经编辑加工后存储于磁、光、电等介质（如 FD、CD-ROM、DVD-ROM 等）上，信息处理、读取、复制与传递均需通过计算机或其他具有类似功能的设备才能完成的一种出版形式。电子出版系统应包括三个基本元素，即以一定方式记录信息的磁性或光学信息记录载体（如磁带、磁盘、软盘、光盘等）、“阅读”载体的外部设备（主机、显示器等）、控制外部设备及出版信息活动的可执行数据（软件）。从这一意义上说，电子图书、电子期刊、电子报纸等都属于电子出版物的范畴。

### （二）网络出版

网络出版[2]是在电子出版技术的基础上，伴随着互联网技术的发展，特别是万维网技术的发展而出现的一种新型的出版形式。目前，学界对网络出版的定义还没有一个统一的认识，人们从不同的角度对网络出版进行了不同的界定。从这些关于“网络出版”的定义来看，目前主要有广义网络出版和狭义网络出版两种说法。

---

❶ 电子出版物管理规定［EB/OL］.（1997-12-30）［2014-02-07］. http://www.110.com/fagui/law_174796.html.

❷ 网络出版实际上是一个极为模糊的概念。因为“网络”的概念极为宽泛，只要能形成一种网状系统的组织，都可以称之为“网络”。所以我们可以把放在单位局域网上的出版物叫网络出版物，也可以把发布在互联网上的出版物叫网络出版物，还可以指通信网络上的信息发布。从现在普遍使用的概念来看，更多人把“网络出版”等同于“互联网出版”。本书所指“网络出版”即为“互联网出版”。

持广义网络出版观点的人认为，“网络出版”是一种“网络信息传播行为”或“在线传播”，即任何信息通过互联网向大众传播的过程都可看成是网络出版。这个定义的外延较为宽泛，如郭晶认为，凡是将信息、知识、观念等内容以任何形式在因特网上传播的行为，均可称为网络出版或互联网出版。[1]从一般意义上讲，这一定义已经超越了“出版”的一般特征，实质上是把在线传播行为认作一种发行行为了。

持狭义网络出版观点的人认为，网络出版是具有合法出版资质的出版机构，通过对自己或他人创作的作品进行编辑加工形成数字出版物，并通过互联网进行出版发行的行为和过程。这种狭义网络出版的概念是我国新闻出版界对“网络出版”的主流认识，赞同的人较多。我国新闻出版总署和信息产业部在 2002 年 6 月 27 日发布的《互联网出版管理暂行规定》中将“互联网出版”定义为：经新闻出版行政部门和电信管理机构批准从事互联网出版业务的互联网信息服务提供者将自己创作或他人创作的作品经过选择和编辑加工，登载在互联网上或者通过互联网发送到用户端，供公众浏览、阅读、使用或者下载的在线传播行为，其作品主要包括两个方面，一是已正式出版的图书、报纸、期刊、音像制品、电子出版物等出版物内容或者在其他媒体上公开发表的作品；二是经过编辑加工的文学、艺术和自然科学、社会科学、工程技术等方面的作品。由此可见，从事网络出版的出版单位必须要有合法的出版资质，这使得“网络传播行为”或“在线传播”都被排除在了“数字出版”的范畴之外。IT 咨询机构“互联网实验室”在 2003 年发布的《网络出版业研究报告》将“网络出版”定义为，“具有合法资格的出版者，以网络为载体和流通渠道，出版并销售数字出版物的行为，是一种由使用者为所需内容付费的盈利性商业行为”[2]。由此可见，“网络出版”并不是“网络信息传播行为”和“在线传播”。

综合以上观点，从出版产业发展的实际考虑，本书认为网络出版应同时满足以下几个方面的内容，即具有合法网络出版权的出版机构、信息以

[1] 郭晶．浅谈网络与出版［J］．出版发行研究，2001（8）.

[2] 姜天赟．网络出版研究［D］．济南：山东大学，2007：6.

统一的二进制代码形式存储、将作品编辑加工、以互联网为载体和流通渠道、向社会发行等。鉴于此，本书将“网络出版”定义为：具有合法网络出版资质的出版机构，将信息以统一的二进制代码形式存储于磁、光等介质上的本人或他人创作的作品经编辑加工及复制形成数字出版物后，以互联网为载体和流通渠道向社会公开发行的行为。这一定义更偏重于狭义的“网络出版”概念。

### （三）数字出版

伴随着计算机技术和互联网技术的不同发展阶段及其在出版领域中的应用，这种迥异于印刷技术基础上的出版活动先后被称为“电子出版”“网络出版”等。直到进入 21 世纪，“数字出版”才取代以前的概念逐渐成为一种主流的叫法。“电子出版”与“网络出版”是“数字出版”的早期概念。在国内，自 2005 年中国首届数字出版博览会召开起便开始使用“数字出版”这一概念，并得到了行业、学界和政府的普遍认同。但是，国内对这一概念的界定众说纷纭，不同的学者从不同角度进行了定义。一直以来，从数字出版的生产技术流程角度考虑，关于数字出版的定义主要有两种观点。

第一种观点认为，数字出版应满足在出版的整个过程中的所有信息都是以统一的二进制代码存储这一基本条件。如谢新洲的《数字出版技术》[1]一书及徐丽芳的《数字出版：概念与形态》[2]一文都认同此种观点，即在数字出版的整个过程中，从编辑、制作到发行，所有信息都以统一的二进制代码的数字化形式存储于磁、光、电等介质中，信息的处理与传递借助计算机或类似设备来进行。这一定义强调了出版过程中的所有信息都是以二进制代码存储这一基本条件。

第二种观点认为，只要在出版过程中的任何一个环节使用了二进制代码这一技术进行了操作，就属于数字出版的范畴，这一出版过程就叫作

---

❶ 谢新洲. 数字出版技术［M］. 北京：北京大学出版社，2002：12-13.

❷ 徐丽芳. 数字出版：概念与形态［J］. 出版发行研究，2005（7）.

“数字出版”。持这种观点的人认为，在当前的出版技术条件下，数字出版既包括新兴媒体的出版，也包括传统媒体的出版，即便是纸质出版，也离不开数字技术的运用，纯粹意义上的传统出版已不复存在。张立的《数字出版相关概念的比较分析》[1]一文便赞同此种观点。

我国新闻出版总署于2010年颁布的《关于加快我国数字出版产业发展的若干意见》中将“数字出版”定义为：“利用数字技术进行内容编辑加工，并通过网络传播数字内容产品的一种新型出版方式。”[2]

综合上述论述，本书认为，数字出版即为具有合法出版资质的出版机构，在出版过程中利用二进制技术手段对出版的任一环节进行操作，并以网络为发行渠道和传播载体的出版活动。

## 三、期刊数字出版与期刊数字出版技术

根据上述对“数字出版”的定义，本书将“期刊数字出版”定义为：具有合法出版资质的期刊出版机构，在出版过程中利用二进制技术手段对期刊出版的任一环节进行操作，并以网络为发行渠道和传播载体的期刊出版活动。只要满足用二进制这种技术手段对期刊出版的任一环节进行操作，并以计算机网络为发行渠道及传播载体的出版活动都属于期刊数字出版的范畴。从一般意义上来说，期刊数字出版既包括传统期刊的数字化传播，又涉及纯电子期刊的数字化出版；既涉及期刊数字出版技术过程，又涉及期刊数字出版的管理过程；不仅包括期刊内容的数字化，也涵盖期刊出版行为的网络化。

从一定意义上讲，期刊数字出版技术是指期刊数字传播主体对期刊作品信息进行编辑加工，并进行网络传播的操作技能。这一技能既表现在物质形态的工具、机器等装备上，又表现在网络形态的系统、程序等软件中，同时也表现在期刊出版过程中体现的编辑理念、工艺流程和实施手段中。依据

[1] 张立．数字出版相关概念的比较分析［J］．中国出版，2006（12）．

[2] 新闻出版总署．关于加快我国数字出版产业发展的若干意见［J］．中国出版，2010（21）．

期刊数字出版的流程，期刊数字出版技术可分为数字采编技术、数字制版及印刷技术、数字发行及阅读技术。本书将按照这些类型展开论述。

## 第二节　中国期刊数字出版业的发展概况

### 一、传统期刊数字出版平台发展迅猛

我国传统期刊的互联网出版在20世纪90年代中期开始出现，从一开始就集中于几家大的数字出版商。大量传统期刊通过中国知网（China National Knowledge Infrastructure，中国知识基础设施，简称CNKI）、万方数据科技有限公司（万方数据）、重庆维普资讯有限公司（维普资讯）、龙源期刊网（龙源期刊）四家数据库逐步实现了网络版与印刷版同步发行，实现了制作、传播等部分过程的数字化。用户可以通过这些网络平台浏览或者直接检索多种电子期刊。中国知网、维普资讯、万方数据、龙源期刊四家大的传统期刊互联网出版商占据了绝大部分的市场份额，发展势头迅猛。

中国知网[1]成立于1995年，现由《中国学术期刊（光盘版）》电子杂志社有限公司、同方知网（北京）技术有限公司、同方知网数字出版技术股份有限公司等单位联合运营，是致力于为海内外提供知识与情报服务的专业平台，中国知网的《中国学术期刊网络出版总库》在2006年通过了国家新闻出版总署、科技部、教育部组织的鉴定。2006年10月，中国知网将《中国期刊全文数据库》按读者层次和产品用途分为学术、高教、基础教育、党建、经济信息、政报公报、大众科普、文艺作品、文化九种期刊数据库产品，并以网络出版方式经营。目前，除了以收录学术期刊为主的《中国知识

[1] 1999年，CNKI开通“中国期刊网”，于2003年正式更名为“中国知网”（www. cnki. net）。

资源总库》外，还分别建设了《中国经济信息期刊文献总库》《中国高等教育期刊文献总库》《中国基础教育期刊文献总库》《中国精品文艺作品期刊文献库》《中国精品科普期刊文献库》《中国党建期刊文献总库》《中国精品文化期刊文献库》《中国政报公报期刊文献总库》八大非学术期刊库，期刊种类涵盖了理、工、农、医、政治、军事、法律、教育、文艺、文化、科普、党建等多个领域。2008 年，CNKI 首次发布能源电力、党政、法律等 20 多个企业知识库。[1]截至 2018 年 12 月，CNKI 累计整合出版国内外期刊文献总量达 2 亿多篇，题录 3 亿多条，统计数据 2.6 亿条，知识条目 10 亿条，图片 5000 万张，日更新数据达 24 万条，在全球 53 个国家和地区拥有 2.7 万多个机构用户，1.2 亿个人用户，网站日访问量 1600 余万人次，年下载量 23.3 亿篇，已经成为最大的中文数据库服务商。[2]

万方数据成立于 2000 年，是中国科技信息研究所在万方数据（集团）公司的基础上建立的[3]，是我国首批以信息服务为核心业务的高新技术企业，也是我国最早引入 ISO 9001 质量管理体系认证的数字出版单位。万方数据的前身是 1993 年成立的万方数据公司和后来在此基础上升格的万方数据集团公司。截至 2017 年年底，万方数据共收录学术期刊达 8000 余种。[4]

维普资讯成立于 1993 年。重庆维普资讯有限公司是科学技术部西南信息中心下属的一家大型专业化数据公司，是中国第一家进行中文期刊数据库研究的机构，其前身为中国科技情报研究所重庆分所数据库研究中心。该平台以整合期刊、学位论文、会议论文、专利、专著、科技成果、科技报告等十种类型文献数据为基础，通过数据挖掘、大数据分析、文献

---

❶ 李广宇，等．2017—2018 中国互联网期刊出版产业年度报告［J］．中国传媒科技，2018（11）．

❷ 涂佳琪，杨新涯，王彦力．中国知网 CNKI 历史与发展研究 [J/OL].（2019-06-19）[2019-06-21] 图书馆论坛．http://kns.cnki.net/kcms/detail/44.1306.G2.20190619.0848.002.html

❸ 万方数据是由中国科技信息研究所以万方数据（集团）公司为基础，联合山西漳泽电力股份有限公司、北京知金科技投资有限公司、四川省科技信息研究所和科技文献出版社发起组建的高新技术股份有限公司。

❹ 数据来源于万方数据知识服务平台官网。

计量、对象建模等技术，为用户提供高效检索、引文追踪、知识关联图谱、对象构建、对象对比、研究趋势分析等服务。包含十大文献的元数据2亿余条，资源覆盖近20年来国内产出中外文资源的95%，提供在线阅读、下载全文、文献传递、网络链接等多种全文获取途径，能够为用户供丰富的文献资源服务。

龙源期刊网是目前国内最大的电子阅读网站，汇聚了超过4000种综合性人文大众类期刊、数十万册图书、音视频等优质内容，开创了面向机构、个人、电信运营商，以及北美、亚洲、澳洲等国际市场的立体营销体系。❶

## 二、多媒体网络杂志数字出版初具规模

在传统期刊数字出版快速发展的同时，多媒体网络杂志悄然兴起，目前已初具规模。多媒体通信技术的进步，给网络媒体的发展带来了广阔的空间和平台。在多媒体技术的支持下，网络多媒体杂志迅速发展，已成为流行的网络传播载体。网络多媒体杂志是电子杂志的一种，是在网络多媒体通信技术高度发展的基础上产生的，其以多媒体的形式呈现，主要通过互联网传播。多媒体网络杂志是采用先进的P2P技术，集合了动画、视频、音频、Web控件、3D技术和超级链接等多媒体技术，强调互动性和利用点对点技术推送的一种新型的网络杂志。多媒体网络杂志可利用PC电脑在线或离线阅读，也可下载到平板电脑、手机及数字电视等多种个人终端上进行阅读。❷

2002年，现代艺术类网络多媒体杂志《风格癖》出版，标志着我国开始进入新型网络多媒体杂志时代。网络多媒体杂志的核心理念是参与性，强调读者与编者之间的互动。这一理念被引入互联网后，人们称为互联网

---

❶ 李广宇，等. 2017—2018中国互联网期刊出版产业年度报告［J］. 中国传媒科技，2018（11）.

❷ 网络杂志：好风凭借力 送我上青云［EB/OL］.（2013-12-11）［2014-02-06］. http://media.people.com.cn/GB/40699/4349382.html.

“Web2.0”时代。Web2.0 的本质就是利用集体的智慧，通过互联网平台将大家的想法集合起来，共同就一个大家感兴趣的问题进行讨论和研究，同时也可以将这一服务看作网络本身特质的延伸。[1] 网络杂志与网络新理念的碰撞，造就了网络多媒体杂志，网络多媒体杂志运用 Web2.0 理念，开始了一种全新的发展模式和轨迹。[2]2005 年以来，随着互联网 Web2.0 技术的发展，我国网络多媒体互动电子杂志开始进入高速发展时期，网络多媒体期刊发行平台逐渐增多，发展速度逐步加快，大批昔日的传统杂志媒体，开始了网络多媒体改革。《VOGUE 服饰与美容》《时尚》《瑞丽》《新生命月报》《精致》《漫秀》《导读文摘》《时尚健康》《电影世界》《中国国家地理》《5460 电子杂志》《9eye 音乐杂志》《PC 个人电脑》等多媒体网络杂志大量涌现，成为流行的网络传播载体。

随着网络多媒体杂志发展规模的逐步扩大，网络多媒体杂志发行互动平台下载“门户”得以诞生。从 2005 年年底到 2006 年年初，我国就已出现了 20 多家网络多媒体期刊的发行平台。[3] 目前，国内具有代表性的网络多媒体杂志发行平台主要有 XPLUS 电子杂志（中国最大的电子杂志在线阅读基地）、ZCOM 电子杂志（全球最大的电子杂志平台、中国最大的中文电子杂志平台）、POCO 电子杂志、摩得互动公司、MAGBOX、IEBOOK、VIKA、万众传媒、杂志中国等。现阶段，我国大多数网络多媒体杂志实行免费发放的经营模式（盈利模式以广告为主），只有少数几家是有偿收费下载。

## 三、期刊数字出版产值波动中增长

电子及网络信息技术的进步极大地推动了我国期刊数字出版产业的快速发展。2006 年，我国期刊数字出版产业的总收入已突破 6 亿元，其中

---

❶ 提姆・奥莱理，玄伟剑．什么是 Web2.0［J］．互联网周刊，2005（40）．

❷ 网络多媒体杂志：应用与发展［EB/OL］．（2013-06-27）［2014-03-17］．http://www.chinaz.com/news/2008/0414/ 26747_3.shtml．

❸ 黄梦院，申睿．数字期刊的市场现状和发展问题［J］．中国出版，2006（9）．

传统期刊的互联网出版业收入总额接近5亿元，占比超过80%，多媒体期刊出版业收入总额约为1.02亿元，产业呈现健康发展的态势。至2007年，我国期刊数字出版产业的收入总额达到7.6亿元，其中传统期刊互联网出版业收入总额超过6亿元，较2006年增长了50%以上，多媒体期刊收入总额达到1.6亿元，较2006年增长了近0.6亿元。[1]总体来看，这一时期我国互联网期刊出版业的发展速度首次高于传统期刊出版业。传统互联网期刊出版领域的四大主要期刊平台贡献了期刊数字出版产值总额的95.67%，发展势头迅猛，其中中国知网2007年的总产值突破了3亿元，万方数据的年收入总额超过2亿元，维普资讯的年产值为3500万元，龙源期刊为3900万元。[2]

多媒体网络互动杂志被认为是继门户网站、搜索引擎及博客之后出现的“又一把互联网之火”，大大拓展了期刊的出版方式，有人甚至将2007年称为我国“网络多媒体互动杂志元年”，对网络多媒体杂志的发展寄予厚望。但经过2006年至2007年上半年的蓬勃发展后，2007年下半年多媒体网络互动杂志出版行业整体呈低迷态势，鲜有新的进展和突破。据相关统计显示，在多媒体网络互动杂志发展的高峰时期，其出版商总共有3000家左右，但到了2007年，多媒体互动杂志出版商却不到800家，且规模较小，大多陷入被兼并或破产的窘境，主要的多媒体期刊出版商不超过20家。[3]

2008年，我国四大传统期刊互联网出版平台的总收入为5.13亿元，其中中国知网3.6亿元、万方数据1.1亿元、维普资讯0.2亿元、龙源期刊0.23亿元。2009年，这四大期刊数据库平台的总收入为6.68亿元，其中

---

❶ 袁光曦. 我国多媒体互动杂志发展的瓶颈与前景解析［J］. 新闻记者，2010（12）.

❷ 张立. 2007—2008中国互联网期刊出版年度报告（七）：互联网期刊出版的总体态势与基本特点［EB/OL］.（2009-03-20）［2014-03-06］. http://blog.sina.com.cn/s/blog_4b0920d60100d4n9.html.

❸ 中文期刊网络传播分析报告［EB/OL］.（2010-01-15）［2014-04-19］. http://www.bkpcn.com/Web/ArticleShow.aspx?artid=090412&cateid=A18.

中国知网4.5亿元、万方数据1.6亿元、维普资讯0.3亿元、龙源期刊0.28亿元。[1]从2008年开始，网络多媒体互动杂志产值占整个期刊数字出版行业产值的比重逐渐增大。

2010年，我国四大期刊数据库平台的总收入达到7.49亿元，传统媒体的市场份额逐步降低至48%，而网络电子媒体的市场份额则逐步上升至52%，期刊数字化产业业态已基本形成，正在向在线期刊、开放存取、数据库等形态发展并逐步完善。以中国知网、万方数据、维普资讯、龙源期刊等为代表的数字期刊企业已经形成品牌效应，[2]销售收入逐年增加。

2011年，我国互联网期刊的总收入已达9.34亿元。2012年，传统互联网期刊出版行业依旧保持增长的态势，虽然整体增速有所放缓，但整个行业销售收入已达10.83亿元，突破了10亿元大关，与2011年相比，增速为15.95%。[3]2015年，我国互联网期刊出版行业市场规模为15.85亿元，2017年达到20.10亿元，2015—2017年，保持着年均10%以上的稳定增长。[4]

## 四、期刊数字出版高新技术层出不穷

自20世纪80年代以来，在电子计算机及网络信息技术飞速发展的背景下，我国期刊数字出版高新技术不断涌现，新业态、新终端层出不穷。“748工程”实现了汉字的数字化，使中国出版业告别了“铅与火”时代，迎来了“光与电”的崭新时期；磁、光等信息存储技术的应用颠覆了传统的纸质信息存储方式，实现了信息存储的数字化；被称为“第四媒体”的

---

❶ 郝振省，等. 2009—2010中国数字出版产业年度报告［M］. 北京：中国书籍出版社，2011：95.

❷ 向飒. 期刊数字化发展及品牌延伸［M］. 北京：中国传媒大学出版社，2013：29-30.

❸ 郝振省，等. 2012—2013中国数字出版产业年度报告［M］. 北京：中国书籍出版社，2013：74.

❹ 李广宇，等. 2017—2018中国互联网期刊出版产业年度报告［J］. 中国传媒科技，2018（11）.

网络技术的应用，改变了期刊的传统出版流程，使出版周期缩短、编辑质量提升、生产成本降低、生产效率大大提高；IPV6 核心网的建立及应用，大大加快了网络传输速度，为网络电子杂志的发展提供了坚实的技术支撑；3G、4G 移动通信网络技术的应用与发展实现了期刊的移动终端阅读，被称为“第五媒体”的手机开始从单纯的通信工具转向移动媒体终端，丰富了期刊出版和阅读的方式，手机及平板电脑迅速成为期刊出版及阅读的主要阵地；Flash 动画、TVC 视频、音频、Web 控件、3D 技术和超级链接等多媒体技术被广泛应用于网络多媒体杂志的出版过程中，网络多媒体杂志大量涌现；云计算技术的应用实现了期刊数字出版的全流程管理，已经成为我国期刊出版技术进一步发展的方向。

## 第三节　期刊数字出版技术发展的历史分期

在人类社会的发展进程中，出版技术扮演了至关重要的角色，其发展是人类文明进化历史的真实缩影，每一次技术创新都推动着我国期刊数字出版业向更高层次迈进。与此相对应，我国期刊数字出版技术的变迁过程可分为“期刊数字出版技术的奠基”“期刊数字出版技术体系的初步形成”“期刊数字出版技术的创新与发展”三个阶段。

### 一、中国期刊数字出版技术发展的奠基（1985—1993 年）

党的十一届三中全会以后，我国实行了对内改革、对外开放的政策，经济社会发生了巨大变革，我国进入了改革开放和社会主义现代化建设的崭新时期，各项事业开始步入正轨，中国呈现焕然一新的面貌。改革开放在给经济社会发展带来巨大变革的同时，也带来了包括科技、人文等在内的各个领域的蓬勃发展，中国文化出版事业迎来了一次新的转型和调整，文化出版事业的发展开始复苏。在这一时代变革的背景下，人们对文化的需求日益增长，出版业作为文化产业的重要组成部分，迎来了巨大的发展契机。

20 世纪 90 年代初，互联网技术开始在中国得到广泛应用。相较于传统期刊出版技术，互联网技术在我国的出现及其在期刊出版领域中的应用赋予了传统期刊出版方式和运营模式新的活力和内涵，同时也给期刊出版工作带来了深刻的影响和变革，大大提高了期刊的出版效率。

## 二、中国期刊数字出版技术体系的初步形成（1994—2004 年）

20 世纪 90 年代中期，随着计算机网络技术与现代通信技术的普遍应用，信息技术迅猛发展，人类社会开始步入一个全新的信息时代——网络时代。网络已成为继报刊、广播和电视之后又一种全新的信息传播方式——第四媒体。[❶]

1994 年 4 月 20 日，中国正式接入互联网，互联网技术开始在中国得到广泛应用。借助于互联网，编辑部网上征稿、作者网上投稿、专家远程审稿、校样网上传送、读者与编辑部网上交流等技术得以实现，编、审、校、印、读等环节的联系更加紧密，改变了传统的期刊编辑出版流程和方式，大大提高了期刊的出版效率。

在经济全球化及一体化背景下，我国期刊数字出版产业逐步兴起。网络信息技术在出版领域的广泛应用，推动了期刊采编技术、制版及印刷技术、发行及阅读技术的数字化变革，期刊出版逐步向网络化、一体化方向发展，我国期刊数字出版技术体系初步形成。

## 三、中国期刊数字出版技术的创新与发展（2005 年至今）

2004 年 12 月底，我国第一个真正意义上的 IPV6 核心网建成，并于 2005 年投入使用，实现了我国互联网从 IPV4 到 IPV6 的跨越。[❷] 这张可以

---

❶ 李理．第四媒体迅猛崛起“三老哥”风光依旧［N］．中国邮政报，2000-07-25.

❷ 张翼南．IPV6 核心网开通，中国拉开下一代互联网建设帷幕［N］．人民日报（海外版），2005-01-30.

覆盖全国 20 个城市及众多高等院校、科研机构的 IPV6 网，最快每秒可传输 10G 字节，[1] 大大加快了网络传输速度。IPV6 核心网的建成为网络电子杂志的发展提供了坚实的技术支撑。

2009 年 1 月 7 日，我国工业和信息化部为中国移动通信集团、中国电信集团公司和中国联合网络通信有限公司发放了 3 张第三代移动通信 3G 牌照。其中，中国移动通信集团公司增加了基于 TD-SCDMA 技术制式的第三代移动通信 3G 业务，并可采用“TD+CMMB”绑定模式；中国电信集团公司拿到了建设成本最小的 CDMA2000 网络运营牌照，可从 CDMA 1X 平滑过渡到 CDMA2000 EV-DO，无须大规模建网；中国联合网络通信集团公司拿到了全球使用范围最广的基于 W-CDMA 技术制式的 3G 业务经营许可，其终端最多，网络最成熟。[2]2009 年因此成为中国的 3G 元年。移动通信 3G 牌照的发放，标志着我国数字出版迎来了移动互联网时代。2013 年 12 月 4 日，工信部正式向中国移动、中国电信、中国联通颁发了 TD-LTE 制式的 4G 牌照，标志着中国正式进入 4G 时代。[3]2018 年 7 月，工信部公布《2018 年上半年通信业经济运行情况》报告显示，4G 用户总数达到 11.1 亿户，占移动电话用户的 73.5%。[4]

IPV6 核心网及 3G、4G 移动网络技术的发展极大地推动了中国期刊数字出版技术的创新。这一时期，在期刊稿件采编技术发展方面，期刊网络采编系统被广泛采用，一批期刊群采编平台得到了建设和发展，参考文献辅助编校系统及学术不端检测系统在期刊出版过程中得到了普遍应用。在期刊的数字发行与阅读方面，一些 OA 期刊在线发布平台得以建立，期刊

---

❶ 2005 年网络通信业面临“颠覆”［EB/OL］.（2005-01-10）［2015-04-06］. http://www.chinabgao.com/freereports/4278.html.

❷ 孔丽频. 3G 牌照发放将促进中国电信市场均衡发展［N］. 中国改革报，2009-01-09.

❸ 工信部今日正式向三大运营商发放 4G 拍照［EB/OL］.（2013-12-04）［2014-02-13］. http://www.xinhuanet.com/photo/2013-12/04/c_132941597.htm.

❹ 工信部：我国 4G 用户总数达到 11.1 亿［EB/OL］.（2018-07-20）［2018-07-26］. http://finance.people.com.cn/n1/2018/0720/c1004-30160546.html.

发行实现了开放阅读、自由传播和资源共享；3G、4G 移动网络技术的发展使被称为“第五媒体”的手机开始从单纯的通信工具转向移动媒体终端，三网融合（又称“三网合一”，是指电信网络、广播电视网络和计算机互联网络的三网融合）、三屏功能合一（电视、电脑、手机的终端设备的三屏合一）技术进一步深入，移动网络与移动终端阅读技术得到快速发展；采用 P2P 技术并集合了 Flash 动画、TVC 视频、音频、Web 控件、3D 技术和超级链接等多媒体技术的网络多媒体互动杂志在这一时期大量涌现；云计算技术的应用实现了期刊数字出版的全流程管理，已经成为我国期刊数字出版技术进一步发展的方向。移动网络技术的应用及手机网民数量的增长催生了手机阅读市场的壮大，VIVA 无线新媒体手机杂志等一批手机期刊出版平台迅速发展。同时，数字出版技术的发展推动了专业期刊平台运营模式的变迁。一些数字期刊出版平台先后采用了独家授权数字出版模式，我国专业期刊平台呈现市场分工逐步细化的态势。

# 第三章　中国期刊数字出版技术发展的奠基（1985—1993 年）

## 第一节　改革开放与文化体制改革的推进

### 一、文化体制改革的推进

改革开放在给经济社会发展带来巨大变革的同时，也给中国文化出版事业带来了转型和调整的机遇，文化出版事业的发展开始复苏。一方面，新闻出版业的生产开始恢复并稳步提高，出版物从品种到数量都有较大程度的增长；另一方面，出版行政管理制度得到恢复，管理机构也得到进一步健全，逐步理顺和加强了国家对新闻出版业的管理。在相关政策的推动下，各地纷纷成立了新闻出版局，我国逐步形成了由新闻出版局到新闻出版署再到新闻出版总署的完整的文化管理体系。同时，我国经营管理体制改革开始启动，这在极大程度上激发了市场活力，一些书、报、刊等出版单位由实行事业机构管理向实行企业机构管理转变，其业务进一步融入市场，从单纯的生产型运营模式逐步转向生产经营型运营模式，并逐渐实行经济核算及自负盈亏。可以说，党的十一届三中全会以后，我国新闻出版领域的改革全面启动，文化体制改革全面推进，“文化是生产力”的认识更加深入人心。

## 二、落后的出版技术无法适应日益增长的文化需求

20 世纪 70 年代末至 80 年代中期，随着改革开放政策的施行，我国各项事业都发生了重大变革，文化事业开始逐步复苏。在党的十一届三中全会召开之前，文化是一个与经济、社会相对应的概念，是一个与经济、社会截然分开的领域。党的十一届三中全会后改革开放政策得以确立，中国经济得以复苏，带来了人们思维方式的改变及文化发展方式的更新，文化开始逐步融入人们的生活，人们对文化产品的需求也日益增长。出版业作为文化产业的重要组成部分，由此进入了全新的发展阶段。经济的快速发展不仅增加了对书籍、报刊等文化消费品的需求，而且要求排版印刷的速度要快、信息处理能力要强、文化产品质量要好，整体出版能力要进一步提升。但长期以来，我国出版技术明显落后于西方国家，排版技术一直以手工铅排为主，印刷业仍在沿用铅字印刷的落后技术，不但印刷质量得不到保障，而且生产效率极其低下。由于我国汉字字数及笔画繁多，给自动化排版带来一定困难，与世界先进的电子出版技术相比，我国出版技术还极为落后。随着改革开放的逐步深入及人们文化消费需求的不断增长，我国落后的出版技术与人们日益增长的文化需求已经不相适应，书籍及报刊出版难、出版周期长等一系列问题凸显，迫切需要先进的出版技术来提高出版业的生产效率。

## 三、社会主义市场经济体制初步建立

改革开放以后，社会主义市场经济体制逐步建立。1984 年 10 月，党的十二届三中全会通过的《中共中央关于经济体制改革的决定》将我国的社会经济确定为有计划的社会主义商品经济，这为进一步推进文化体制改革创造了条件。1992 年，邓小平同志南方谈话及党的十四大的胜利召开，明确了中国经济体制改革的目标就是要建立社会主义市场经济体制。党的十四大后，党中央、国务院围绕建立社会主义市场经济体制的改革目标，制定了逐步建立社会主义市场经济体制的总体规划。在此基础上，1993 年

11 月，党的十四届三中全会审议并通过了《中共中央关于建立社会主义市场经济体制若干问题的决定》，把十四大提出的经济体制改革的目标和基本原则加以具体化，勾画了社会主义市场经济体制的基本框架。实行社会主义市场经济是我国经济体制改革的必然要求，其在推动中国经济快速发展的同时，也带来了科学技术事业的全面进步和文化教育的空前普及，人们对文化产品的需求和消费快速增长。我国新闻出版业伴随着改革开放的不断深入及社会主义市场经济体制的逐步建立迅速发展壮大起来。在市场经济条件下，出版业中开始出现市场竞争，各出版单位也开始有了商业和自主意识，具有提高出版业生产效率的内在动力。

### 四、全方位开放社会要求出版的技术创新发展

改革开放以后，伴随着社会主义市场经济体制的逐步建立，我国社会生产力得到了极大提高，综合国力不断增强，科技、教育、文化等社会事业全面进步，逐步形成了全方位、多层次、宽领域的对外开放格局。社会转型在给我国文化产业的发展带来巨大挑战的同时，也带来了与国际交流、向世界展示中华优秀文化的重要机遇。文化产品是展示中华优秀文化的重要载体，与国际交流就需要与世界接轨的先进出版技术，而我国落后的出版技术已经不能满足开放社会对文化产品的迫切需求，出版技术创新势在必行，出版业迎来了快速发展的重大契机。

## 第二节　电子计算机在出版领域的应用

从一般意义上说，电子出版是利用电子计算机技术制作电子出版物的工艺过程。1946 年，世界上第一台电子计算机在美国宾夕法尼亚大学诞生了，自此，电子计算机开始在各个领域得到广泛应用。从 20 世纪 60 年代起，电子计算机开始进入工业发达国家的出版领域。

如果以20世纪60年代初期美国《化学文摘》采用计算机技术制作《化学文摘》磁带版作为电子出版物的起源，那么电子出版物的发展迄今已有半个多世纪的历史。20世纪70年代末至80年代初，一些出版部门开始应用计算机进行文字处理。由于其具有高效、优质、低成本、轻便、无污染等优势，引发了印刷出版业的一场革命，先进的计算机排版技术代替了铅排。20世纪80年代以后，计算机文字处理技术得到进一步发展，计算机检索、排版、图形处理及输出技术的进步使出版领域实现了应用电子计算机系统进行版式设计、文字编辑、图文合成及数字化数据再利用，实现了电子排版的现代化。由此，可以通过检索软件，把数字化信息资料存储在软磁盘、硬磁盘和高密度只读光盘中供再次使用，各种数据库、电子书、电子期刊、电子报纸等如雨后春笋，数量快速增长。在数据库发展方面，20世纪60年代初到70年代初这段时期内，数据库以科技数据库为主体。20世纪70年代中期到80年代中期，全文数据库从各类数据库中脱颖而出，打破了书目数据库的统治地位；同时，随着超文本、多媒体等技术的发展，各类图像数据库、图形数据库、视频数据库等多媒体数据库的数量迅速增加，数据库主题由科技型向社会型、经济型、多样化、细微化方向发展。在电子期刊方面，据《电子期刊、通讯与学术讨论目录指南》1991年7月版统计，当时世界上共有27种电子期刊；到1992年3月，电子期刊已发展到36种；至1994年，电子期刊的数量已经增长到181种。在电子报纸方面，出现了许多独立的电子报纸（即没有印刷版的报纸）。在网络技术出现以前，这些报纸在编辑、出版、发行的整个过程中都是以电子形式存储的。世界上第一份电子报纸是加拿大的《多伦多环球邮报》，该社从1977年11月起就一直提供该报纸的自由文本检索。国外关于光盘的研究始于20世纪60年代初，至1992年全世界已有2602家公司发行光盘2214种。[1]1993年，全球CD-ROM生产量已经达到1亿张，带有CD-ROM驱动装置的阅读器销量约为650万台；全球电子出版商已经超过

[1] 夏旭．我国光盘数据库发展的现状及对策［J］．现代图书情报技术，1999（2）．

3000 家，出版总量超过 8000 种，电子出版物读者约有 1140 万人。[1]

我国从 1975 年开始研制汉字激光照排系统，电子计算机技术开始在出版领域得到应用。1985 年，华光Ⅱ型汉字激光照排系统投入生产性使用，汉字数字化照排技术开始在我国出版领域中得到广泛应用，标志着我国已经进入利用电子计算机技术进行出版工作的新阶段。同时，出版领域开始利用磁、光等信息存储技术存储出版信息，信息存储技术实现了数字化。汉字进入电子计算机的技术突破和信息存储数字化技术的应用为我国数字出版技术的发展奠定了坚实的基础。

## 第三节　汉字数字化与电子照排技术的突破

### 一、"748 工程"与汉字数字化

中国是世界上最早发明活字印刷的国家。但在 20 世纪 80 年代，当欧美发达国家已经利用第三代阴极射线管式照排系统进行印刷时，我国仍在沿用传统的铅字印刷方式，长期以来一直处于"铅与火"的印刷阶段。[2]"铅与火"印刷时代的主要标志是铅字排版、铅版印刷。当时在印刷车间需要把合金铅加热到 300℃后一粒一粒铸造出来，一排排反筑的铅字放在铅字架上，排版时先将字粒手工捡出，再手工将捡好的字粒按编辑的意图排成完整的版面。然后，再通过压版、浇铸铅版，最后上机印刷。铅字印刷不仅劳动强度高、效率低下，而且资源浪费严重。为了改变我国印刷行业的落后面貌，提升出版业的工作效率，解决汉字的数字化问题，1974 年 8 月，我国设立了国家重点科技攻关项目"汉字信息处理系统工

---

❶ 杨贵山．1993 年与电子出版有关的统计数字［J］．出版参考，1994（21）．

❷ 窦鑫磊．方正激光照排创新之路［J］．科技成果纵横，2005（3）．

程”，简称为“748 工程”。❶

“748 工程”设立后，北京大学的王选于 1975 年开始主持激光照排系统的研制工作。由于汉字字数很多，且报纸、杂志对字体和字号要求极高，较高的精密照排分辨率导致精密汉字字形点阵的存储量高达几百亿字节。针对这一问题，课题组进行了大量研究，并于 1976 年完成了高倍率字形信息压缩和高速复原技术。其主要内容为：把汉字比画分为横、竖、折等规则笔画和曲线形式的不规则笔画，规则笔画用一系列参数精确表示，不规则笔画用轮廓表示；设计了一种点阵的中间表示形式（标记点阵）和把轮廓高速转换成标记点阵、把标记点阵高速转换成最终点阵的算法；设计了失真最小的文字变倍方法；解决了驱动逐线扫描的激光照排机的图像产生和控制问题。这一套用轮廓加参数的描述方法，可以以高达 1 ：500 的比例对汉字字形信息进行压缩，解决了汉字字形信息的压缩问题。❷同时，王选还用数学方法推导出了一套递推公式，用以解决将被压缩的汉字信息高速复原成字形的问题，为设计激光照排控制器奠定了坚实的基础。随后，经过与光学专家的反复探讨和实践，王选带领其团队研制出了激光照排控制器（栅格图像处理器）。除此之外，为解决字形变倍和变形时的高度保真问题，王选研制出了用参数信息控制字形变化时敏感部分的质量的方法，为汉字精密照排系统的研制铺平了道路。1975 年 9 月，汉字数字化技术取得重大突破，王选带领其团队利用相关软件在计算机中模拟出了“人”字的第一撇，实现了汉字进入计算机的第一步。这些技术后来成为汉字激光照排系统的核心和基石。❸

1976 年夏，“748 工程”技术总负责人王选在调查了第二代光机式照排机、第三代阴极射线管式照排机的特点后，根据当时中国技术发展水平

---

❶ 1974 年 748 工程启动 促进计算机中文化［N］. 中国计算机报，2009-09-14.

❷ 王选. 报业、印刷业进入电子与激光照排的新阶段［J］. 中国科学院院刊，1992（2）.

❸ 徐炎章，王素宝. 王选和汉字激光照排系统［J］. 工程研究——跨学科视野中的工程，2007.

和汉字字数多的特点，毅然决定跳过当时流行的第二、第三代照排机，采取数字存储方式直接研制国外尚无商品的第四代激光照排系统。❶1978 年 8 月，北京大学与山东潍坊电子计算机公司、长春光机所、四平电子所、杭州通信设备厂等单位联合研制成了“华光—激光汉字编辑排版系统”，并在新华通讯社印刷厂试用。❷

经过北京大学与协作单位的共同努力，1979 年 7 月 27 日，王选的科研团队用自己研制的照排系统一次成版地输出了一张版面布局较为复杂，并由各种大小字体组成的八开报纸底片，这是我国首次用激光照排机直接输出的中文报纸版面。❸1979 年 8 月 11 日，《光明日报》头版头条发表“汉字信息处理技术的研究和应用获重大突破，我国自行设计的计算机——激光汉字编辑排版主体工程研制成功”的报道，在国内外引起较大反响。1980 年 9 月 15 日，“748 工程”攻关组用激光照排系统成功排出了中国在告别铅字历程中的第一本样书《伍豪之剑》，完成了软件系统的正确性调试。❹

1981 年 7 月，我国第一台电子计算机汉字激光照排系统原理性样机（华光）顺利通过了国家计算机工业总局和教育部联合召开的计算机激光汉字照排系统鉴定会的鉴定。与国外电子照排机相比，我国激光汉字照排系统在汉字信息压缩技术方面处于领先地位，其激光输出精度和软件的某些功能已经达到了国际先进水平。❺1983 年，由王选带领其团队研发的第二代激光照排控制Ⅱ型 TC83 基本研制成功。

1985 年年初，新华社试用Ⅱ型机。1985 年 5 月 6 日至 8 日，使用汉字激光照排技术的华光Ⅱ型机通过国家级鉴定，华光Ⅱ型汉字激光照排系

---

❶ 王选. 电子出版在中国的发展——回顾与展望［J］. 印刷技术，2007（6）.

❷ 王京安. 激光照排工艺［M］. 北京：印刷工业出版社，1991：2.

❸ 徐炎章，王素宝. 王选和汉字激光照排系统［J］. 工程研究——跨学科视野中的工程，2007.

❹ 徐炎章，王素宝. 王选和汉字激光照排系统［J］. 工程研究——跨学科视野中的工程，2007.

❺ 丛中笑. 王选的世界［M］. 上海：上海科学技术出版社，2002：137.

统开始投入生产性使用，我国汉字数字化照排技术开始在出版领域得到应用。

1987 年 5 月，华光Ⅲ型汉字激光照排机在经济日报社投入生产性使用，印出了世界上第一张整面输出的中文报纸。❶ 此后，金融时报、中国机械报、有色金属报、电子市场报、中国报刊报、中国民航报、北京法制报、北京合作经济报、花卉报 9 家报纸开始在经济日报印刷厂的激光照排车间里利用激光照排系统印刷。❷1987 年 10 月，《经济日报》在收到新华社电讯稿后，立即用华光系统对中国共产党第十三次代表大会的工作报告进行计算机排版，工作报告全文 3.4 万多字，排版过程仅用了 20 分钟。若在铅字排版时代，要召集全印刷厂最熟练的工人一刻不停地工作，最快也要 4 个小时才能完成。

1987 年 12 月 2 日，国家有关部门和科研单位召开了华光Ⅲ型报纸编排系统鉴定会，华光Ⅲ型系统顺利通过了国家验收，《经济日报》成为世界上第一家采用计算机激光屏幕组版、整版输出的中文报纸。《人民日报》为此刊登新华社的文章，盛赞这是一个“报业奇迹”。1989 年，华光Ⅳ型计算机——激光汉字编辑排版系统连获六项奖励。随后，新华日报、河南日报等一批新闻出版单位先后采用华光Ⅳ型激光照排系统进行激光照排工作，华光Ⅳ型机开始在国内新闻出版、印刷业领域推广普及。汉字激光照排技术的突破，结束了外国公司对中国照排系统的垄断。1989 年年底，在我国研制和销售照排系统的英国蒙纳公司，日本写研、森泽、二毛公司及美国王安、HTS/IPX 公司等外国公司全部退出了中国内地市场。❸

1991 年 3 月，北京大学计算机科学技术研究所和北京大学新技术公司联合推出了新一代电子出版系统——北大方正电子出版系统。1993 年 2 月

---

❶ 王飞. 从铅与火到光与电［N］. 科技日报，2009-09-18.

❷ 闵捷. 字里行间的现代化——经济日报激光照排车间印象［J］. 中国记者，1987（9）.

❸ 丛中笑. 王选的世界［M］. 上海：上海科学技术出版社，2002：180.

18 日，北大方正公司正式成立，成为当时国内唯一一个同时拥有硕士点、博士点、博士后流动站、国家重点实验室和国家工程研究中心的高科技集团公司。有关数据显示，1993 年国内 99% 的报社、95% 以上的印刷厂和黑白书刊出版社都采用了国产汉字激光照排系统。汉字激光照排技术的突破，使延续了上百年的中国传统出版印刷业告别了“铅与火”时代，传统出版印刷业得到彻底改造。汉字激光照排技术被公认为毕昇发明活字印刷术后中国印刷领域的第二次技术革命。[1]

## 二、彩色照排技术实现国产化

从 20 世纪 80 年代中期开始，电子分色机成为我国彩色图像复制的主要制版设备。在 20 世纪 80 年代中期至 90 年代中期的十年间，我国印刷界花费一亿多美元引进了约 500 台国外电子分色机。彩色电子排版系统的迅猛发展给电子分色机的生产厂家带来了危机感。对于电子分色机的生产厂家来说，在客户要求设计出越来越多用传统手段难以制作的画面时，要么重新引进一套昂贵的彩色排版系统，要么以降低使用效率为代价勉为其难地改造电分机。[2] 在印刷业务对高档专业彩色照排系统的需求极为迫切的情况下，质量与价格的矛盾极为突出。当时高档专业彩色照排系统的推广使用还很少，如何在低价位的档次上提高彩色图像扫描精度、色调精度及彩色网点计算精度是能否推出价廉物美的专业彩色处理系统的关键。[3]

20 世纪 90 年代初，彩色桌面出版系统由北大计算机研究所研制成功，达到了国际先进水平，并于 1991 年在《解放日报》社开始试用。1992 年 1 月 21 日，《澳门日报》社彻底甩掉了传统的电子分色机，代之以北大方

❶ 徐炎章，王素宝．王选和汉字激光照排系统［J］．工程研究——跨学科视野中的工程，2007.

❷ 帝冠 HC3000 全彩色（蒙版）照排系统［J］．今日电子，1995（2）.

❸ 殷步九．专业彩色电子出版系统新结构——四通易排彩色激光照排系统［J］．云南印刷，1994（2）.

正彩色照排系统，《澳门日报》由此成为世界首家彩色中文报纸。在排版过程中，彩色桌面出版系统用彩色扫描仪输入彩色照片，在系统内进行文图合一的技术处理，且能够整页输出，质量不低于电分机。[1]在彩色照排技术实现以后，一些相关的电子公司开始研制各种类型的彩色照排系统。20 世纪 90 年代中期，随着帝冠公司的“HC3000 全彩色（蒙版）照排系统”、珠海格力凯旋电脑有限公司的“凯旋中文彩色激光照排系统”、珠海四通电脑排版系统开发公司的“四通易排彩色激光照排系统”、北大方正集团研制成功的高档彩色出版系统等彩色照排系统的纷纷问世，外国公司独霸中国彩色印刷市场的历史已告结束，中国印刷业走向了价廉物美的彩色印刷时代。

## 三、汉字照排技术对中国出版业的影响

汉字数字化是汉字数字出版业发展的基础。“748 工程”实现了汉字进入计算机的重大突破，对中国出版业的发展起到了巨大的推动作用，在我国出版领域中占有里程碑式的重要地位。王选作为“748 工程”的技术总负责人为我国印刷技术的第二次革命立下了不朽的功勋。2002 年 2 月 1 日，被誉为“当代毕昇”的王选教授荣获 2001 年度国家最高科学技术奖。[2]

一项原创性核心技术可以推动一个产业的跨越式发展，甚至可以改变一个时代发展的路径。如果说活字印刷技术实现了中国出版的第一次革命，那么汉字激光照排技术使汉字进入计算机成为现实，由此实现了中国印刷技术的第二次革命。汉字激光照排技术这一中国科技进步史上的颠覆性创新，加速了我国汉字数字化、信息化、智能化的进程。在国家的大力支持下，从 1985 年开始，“748 工程”相关技术走向市场并得以迅速推广，使中国出版业从传统出版阶段逐步过渡到电子出版阶段，中国出版业迎来了巨大变革。

---

❶ 万晓霞．印刷复制技术研究综述［J］．出版科学，2002（增刊）．

❷ 营造创新氛围　攀登科技高峰［N］．人民日报，2002-02-02．

## 第四节　信息存储技术的数字化发展

传统出版的成果是纸质图书、报刊等纸介质的出版物，其信息只能以文字、图像等形式存储于纸张等介质上。随着电子出版技术的迅速发展，出版介质出现重大变革，磁介质、光学介质等新型存储介质的出现，颠覆了传统的信息存储方式。在电子出版的过程中，电子出版物的文字、图像、声音、视频等信息都以统一的二进制代码形式存储于磁盘、光盘等介质上，必须借助于计算机或具有类似功能的设备才能读取和使用。在电子出版过程中，信息媒体输入、图形绘制、图像处理、版面设计、信息复制等一系列工作都需要借助于数据的存储与转移技术才能进行，而这都离不开各种大容量、高性能的存储介质。电子出版过程中大量的多媒体信息对电子出版系统的数据处理和存储能力的要求大大提高，这就要求存储介质容量、质量和速度等方面的性能有大幅提升。[1] 在这一背景下，包括磁存储技术、光存储技术等多种存储技术应运而生，各种数字存储技术迅速发展，磁盘、光盘等出版介质迅速涌现。

### 一、磁存储技术的发展与应用

#### （一）磁存储技术及磁存储器

磁存储技术就是将一切能转变成电信号的信息（如声音、图像、数据及文字等）通过电磁转换，记录和存储在磁记录介质上，并可以重复输出的信息存储技术。[2] 一般来说，磁性存储介质是将磁性材料以薄层状沉积

---

❶ 陈夏洁，邱宇. 电子出版系统中常用的移动存储介质［J］. 出版与印刷，2001（2）.

❷ 史田华，等. 信息组织与存储［M］. 南京：东南大学出版社，2003：238.

在介质基体上，信息记录、读取与擦除都是以相对于磁头运动的方式来完成的信息存储介质。磁存储技术具有存储频带广、保存时间长、能够反复播放等技术优势。20世纪90年代中期以前，我国使用的磁存储器主要包括磁带存储器和磁盘存储器两种。

（二）国外磁存储技术的发展状况

1857年，以钢带为基本材质的录音机雏形诞生，这被认为是磁记录技术的起源。世界上第一台可供使用的磁录音机诞生于1898年，是由丹麦人Valdemar Poulson研制成功的，其核心材质主要是直径为1毫米的碳钢丝。1928年，德国人Fritz Pfleumer和AEG联合制作了世界上第一台磁带录音机，从此，磁带录音机进入实用化阶段。这一磁带录音机被称为“世界磁带录音机的鼻祖”。1947年，$\gamma-Fe_2O_3$开始在磁信息存储领域中得到应用，大大提升了磁带记录信息的性能，磁带记录技术进入了利用$\gamma-Fe_2O_3$记录信息的时期。目前以$\gamma-Fe_2O_3$材料为基础的磁粉仍然被广泛应用于各种磁记录介质中。

传统的基于模拟信号形式的信息存储技术由于其保真度、还原度和信息存储量等性能较低，在电子信息技术条件下已经越来越不能满足人们对信息存储的需要。随着电子计算机技术的发展，基于二进制的数字存储技术越来越受到人们的关注。相对于传统的基于模拟信号形式的信息存储技术而言，二进制数字存储技术在保真度、还原度和信息存储量等方面的性能明显提升。在二进制数字存储技术中，“0”代表退磁状态（未磁化）时的信号，“1”代表磁化状态时的信号，在“0”和“1”的信息记录方式下，使在更小的空间进行大量信息存储成为可能，为研制大容量的信息存储介质创造了条件。

早期的计算机使用的磁存储介质是磁带机。磁带机作为计算机的外部存储设备之一，可作为硬盘容量的延伸部分储存数据，其自20世纪50年代问世以来技术日趋成熟。世界上第一台固定式磁盘装置于1956年在美国IBM公司诞生，其型号为IBM 350 RAMAC。IBM 350 RAMAC固定式磁盘装置的问世在当时引起了极大轰动，其由50个24平方英寸的盘片构成，重量达一吨左右，拥有 5MB 的存储量，这在当时已经非常惊人。固定式磁盘装置的诞生标志着大容量磁存储设备已经进入了实用化阶段。自此，大容量磁存储设备开始大量涌现，高新磁存储技术层出不穷，磁存储设备的性能越来越强大，价格也越来越便宜。当今，普通人花费不到千元就可以轻易购买到容量超过 1TB 的商用硬盘，其容量已经超过 IBM 350 RAMAC 的 20 万倍之多，但是其体积却大大减小，这离不开磁存储技术的快速发展。

一个多世纪以来，磁记录技术在多个领域得到了广泛应用，磁记录介质得到了迅速发展。从磁带开始，人们开始大规模地使用磁存储介质来存储数据。现在仍有大量的数据备份设备是以磁带数据库为基础的。继磁带之后，磁盘的出现将磁存储时代推向了一个制高点。

### （三）我国对磁带数据库的引进与研制

我国利用磁带存储信息的主要方式是磁带数据库。磁带数据库是将二次文献（如文摘、题录）以计算机可读的格式记录在磁带上，形成二次文献的磁带版。机读磁带文献库是构成计算机情报检索系统的重要数据源。

我国磁带数据库的引进始于 20 世纪 60 年代中期。1980 年 9 月，第一次全国机器检索学术交流会在北京召开。根据这次学术交流会的数据统计，至 1980 年，我国开展电子计算机情报检索实验研究工作的单位已达到 36 家，其中有 6 个部门已经进入用国外磁带进行定题情报服务（SDI）[1]的初期应用阶段。20 世纪 80 年代以前，上海情报所、一机部情报所、化工部情报所、科学院图书馆、国防科委情报所、南京大学、地质部情报所、农科院情报所、石油部情报所等部门共引进磁带约计 1334 盘，文献量约计 544 万条[2]，收藏的国外文献磁带主要包括《化学文摘 CAS》《机械文摘题录 ISMEC》《世界专利索引 WPI》《能源 ENERGY》《科学文

---

[1] 定题情报检索又称为定题情报提供，是一种定期重新到资料数据带中为特定用户提供计算机情报检索的服务方法，简称 SDI。这一方法是由美国 IBM 公司的 H.P. 卢恩在 1959 年最先提出的，并利用 IBM650 型计算机开发了世界上第一个 SDI 系统。

[2] 国外文献资料的引进情况［J］. 医学情报工作，1981（3）.

摘 INSPEC》《生态与环境 EE》《工程索引 COMPENDEX》《生物化学活性 CBAC》《金属文摘 METADEX》《聚合物科学与技术 POST》《化工轧记 CIN》《可检物理情报通报 SPIN》《美国政府报告通报 GAR》《生物学文摘 BA》《生物学研究索引》《石油文摘 TULSA》《炼油文献和专利索引 API》《地质文摘 GeoRef》《污染文摘 PA》《美国国会图书馆目录 MARC》《英国农业文摘 CAB》等。❶另外，我国还研制了《中国高等院校学报论文文摘（英文磁带版）》（CUJA）磁带数据库，为我国进行国际技术情报交流提供了一个重要的物质条件。《中国高等院校学报论文文摘（英文磁带版）》（CUJA）是我国当时可进行国际交换的文献量最多、涵盖范围最广、影响面最大的一种综合性科技文献库。❷

在多学科文献和书目磁带引进和研制的基础上，我国还开展了 SDI 定题情报检索服务，业务范围进一步拓展，服务规模进一步扩大。20 世纪 80 年代以后，磁带技术开始应用在我国的联机检索服务中，我国一些相关部门与欧洲及美国的一些国际联机检索网络系统（如欧洲的 ESA 及美国的 DIALOG、ORBIT 等）进行了终端检索业务方面的合作。至 1985 年，我国第一个计算机联机情报检索系统（BDSIRS 情报检索系统）已建成拥有 300 万篇文献数据库的国内联机检索网，并在全国 20 多个城市设有 50 台检索终端，使数据库的检索服务更加便捷。BDSIRS 情报检索系统的建成并在较大范围内开展检索服务，使我国数据库信息检索服务步入联机检索阶段，我国情报检索服务正在从 SDI 方式向联机检索方式转变，从局部服务向全国服务方向发展。❸

此外，1989 年 2 月 1 日，《中国高校自然科学学报英文文摘磁带版》和美国 DIALOG 国际情报检索系统的电子计算机数据库进行了首次 CUJA

❶ 我国收藏国外文献磁带的情况［J］. 计算机与图书馆，1981（2）.

❷ 万锦堃. 中国高校自然科学学报文摘（英文磁带版）CUJA 文献数据库研制报告［J］. 现代图书情报技术，1986（3）.

❸ 万锦堃. 中国高校自然科学学报文摘（英文磁带版）CUJA 文献数据库研制报告［J］. 现代图书情报技术，1986（3）.

文档的国际联机检索试验，并取得了成功。这标志着我国研制的 CUJA 磁带达到了在国际大型文献检索系统中建库和检索的使用要求，具备了与国际文献检索系统进行联机检索的能力，在功能上已符合国际机读文献信息的交换标准。同年，包括有 16921 条中国高校自然科学学报研究论文数据的 CUJA 数据库文档在美国 DIALOG 数据库中建成并投入使用，这是中国在世界上最大的科技情报检索服务系统中建立的第一个数据库，中国科技情报检索业务开始向国外延伸，标志着中国 300 多所高校自然科学学报的最新文献能够通过 CUJA 磁带源源不断地输入到 DIALOG 情报检索系统中，为全世界的科技人员提供检索服务，这对我国科研成果走向世界发挥了重要作用。[1]

## 二、光存储技术的发展与应用

### （一）光存储技术及光存储器

光存储技术是采用激光照射介质的方式使激光与介质相互作用，导致介质的性质发生变化而将信息存储下来的信息存储方式。按信息存储原理的不同，光学存储分为磁光存储和相变存储两种类型。光存储器的主要形式是光盘。按照读写功能来划分，光盘可分为只读光盘（Read Only Memory CD）、一次性写入光盘（Write Once Read Many CD）和可擦写式光盘（Rewritable 或 Erasahle CD）三种类型。按信息存储原理的不同，光盘分为磁光光盘和相变光盘两种类型。

### （二）国外光存储技术的发展状况

国外对光盘的研究工作始于 1961 年。在 1960 年 He-Ne 激光连续震荡实验获得成功之后，美国斯坦福大学和 3M 公司率先投入到光盘的研究与开发工作中。20 世纪 60 至 70 年代，实用化的 IC 技术及室温连续振荡半导体激光等技术相继研发成功。在这些相关技术的支持下，荷

[1] 蓝崇钰．中国高校自然科学学报文摘国际联机检索成功［J］．中山大学学报（自然科学版），1989（2）．

兰飞利浦公司（Philips）于1972年首先开发出了激光视盘。1980年以后，CD光盘（Compact Disc，高密度光盘）问世并迅速普及，光盘产业从此迅速发展，相继出现了各种不同类型的光盘，如磁光盘和相变光盘等。

磁光盘的概念是20世纪50年代提出来的，但直到60年代，人们才逐渐懂得磁光盘的存储原理。之后，在激光技术进步的推动下，磁光盘研究在70年代蓬勃发展起来。但由于当时的气体激光技术在很多方面还不成熟，难以达到实用化的技术水平，在20世纪70年代中期不得不中断了磁光盘的实用化研究。到1980年，磁光盘研究取得重大进展，采用钆铽铁（GdTbFe）膜和半导体激光的磁光盘开发成功，实现了磁光盘介质的记录与读出，从而使磁光盘记录技术及介质的研究开发不断取得新的进展。到1995年，磁光盘已发展到第三代。1999年第四代磁光盘问世。

1971年，相变光盘的原理正式提出。到1982年，追记型相变光盘上市。1996年，推出了多媒体光盘PD系统。

### （三）我国对光盘数据库的引进与研制

光学存储信息的主要载体是光盘。光存储技术作为一种新型的信息存储技术，在我国最早由信息部门开始应用。作为信息载体，它具有高密度、大容量、低成本、检索方便等优点。我国光存储技术的应用经历了由引进到自主研发的过程。这一时期，我国已经具备了生产光盘数据库及其设备的技术。

#### 1. 光盘数据库的引进

1986年，国家海洋局情报所首先引进国外光盘数据CD-ROM ASFA（水科学和渔业文摘）及LSC（生命科学文摘），开启了我国利用光盘进行信息存储的序幕，国内引进的光盘品种开始逐年增加。[1]1987年，中国图书进出口总公司开始从事CD-ROM（只读式光盘）系统的引进业务，中国教育图书进出口公司于1989年也开展了CD-ROM光盘及驱动器的引进工

[1] 夏旭．我国光盘数据库发展的现状及对策［J］．现代图书情报技术，1999（2）．

作，引进数量上升幅度较大。引进的 CD-ROM 光盘库最初主要用于成果与专利申请的查新、开展定题情报服务、辅助图书采购与编目、进行回溯检索、高校机检课程的教学和机检用户的培训等方面。[1]至 1991 年年初，我国已引进 53 种共 199 份 CD-ROM 数据库，涉及相关单位 126 家，引进的数据库主要用于高校图书馆、大型情报机构、专业研究所、医药情报单位和公共图书馆等领域。至 1992 年，我国共引进 CD-ROM 数据库 100 多种，约有 CD-ROM 用户 200 余家。[2]

我国从 1987 年开始引进 WORM（一写多读）光盘系统，引进之初主要是用来对该项技术的剖析与研究，后来 WORM 光盘开始在一些领域得到应用。例如，交通部情报所利用 CDS/ISIS 软件成功地将建立在磁盘上的 30837 条关于中国交通文献库的记录转存在了 WORM 光盘上，随后又从 CD-ROM 光盘上套录了 27009 条记录到 WORM 上，实现了 WORM 光盘在国家交通管理领域中的应用。此外，交通部情报所还在 WORM 上建成了带有 24 万条记录的 IRRD（International Road Research Documentation，国际道路研究文件）数据库。

在 Erasabie 光盘（可擦写光盘）的引进与应用方面，北京兰星公司在 1990 年上半年引进了近 10 套 Erasabie 光盘（可擦写光盘）系统，主要用来储存地图和银行单据等信息。自此，我国开始逐步运用可擦写光盘系统存储信息。[3]

光盘数据库的引用极大地推动了我国光存储技术在实际工作中的应用，但从当时的情况来看，还存在较多问题。较为突出的问题主要有两个。

第一是光盘数据库的重复引进现象较为严重，且引进后的使用极不充分。20 世纪 80 年代末，我国有多家单位引进 BIBLIOFILE（书目文档）、NTIS-GRA、MED-LINE 等数据库（BIBLIOFILE 有 12 家、NTIS-

---

[1] 程建忠．光盘技术的发展及我国的现状［J］．科技信息，1994（2）．

[2] 杨明秀．我国光盘技术发展的现状及对策［J］．武陵学刊，1997（4）．

[3] 沈吟东．光盘技术及其在我国的应用［J］．现代图书情报技术，1994（2）．

GRA 有 7 家、MED-LINE 有 44 家），1994 年仅 CD-ROM 数据库的引进重复率就高达 220.5%。[1]引进的光盘数据库利用率普遍较低，服务形式也较为单一，有的数据库平均每月仅被使用几次。当时国外光盘数据库的价格还很昂贵，数据库的重复引进及较低的利用效率导致资源浪费严重。

第二是引进数据库的品种不多。20 世纪 90 年代初期，我国引进的 CD-ROM 数据库仅有 53 种（世界上已有 1500~1700 种），品种较为单一，只涵盖少数几个学科。而且引进的全文文献数据库极少，大多都集中在文献数据库上。

2. 光盘及其驱动器的研制

我国于 20 世纪 70 年代末开始光盘的研究工作。在“七五”期间，我国光盘研制工作取得了实质性进展，研制出了磁光型和相变型两种可擦写光盘及其驱动器，我国光盘及其驱动器开始进入国产化时代。

（1）磁光型光盘及其驱动器的研制

“七五”期间，中国科学院上海冶金所牵头，联合上海光机所、上海冶金所及长春光机所等 9 个单位组成了光盘联合实验室，成立了磁光型光盘的技术攻关项目，开展了磁光盘及磁光盘驱动器大量关键技术的研究工作。该联合实验室于 1991 年 2 月研制出能够在国外磁光盘驱动器上使用的 650MB（130mm 双面）磁光盘的实验室样品。电子科技大学于 1993 年研制出了 650MB 和 1.3GB 的实用化 130mm 磁光盘。

在盘片研制的同时，我国还开展了大量关于光盘驱动器的研究工作，并取得一定成果。这一时期，上海光机所研制出了自动读写的光盘动态、静态测试仪及盘基缺陷测试仪，并与长春光机所合作研制成功了光盘刻槽机；机电部杭州 52 所研制成功了 ZPG-1 型 5.25 英寸磁光型光盘驱动器，并在此基础上开发出了可擦写光盘的随机存储文件管理软件；西安电子科技大学等单位同国外公司合作，于 1991 年成功研制了磁光盘驱动器实用化样机，整机已经达到当时的国际先进水平。

[1] 沈吟东. 光盘技术及其在我国的应用［J］. 现代图书情报技术，1994（2）.

（2）相变型光盘及其驱动器的研制

20 世纪 90 年代初期，北京航空航天大学研制出 8 英寸相变型直接重写光盘 40 片，可用一次擦除完成初始化，用一束激光进行写和擦，盘片静态时可擦写 100 万次，动态时可擦写 20 万次，双面容量为 1280MB。除此之外，清华大学还研制出了与北京航空航天大学 8 英寸相变型直接重写光盘相配套的 8 英寸相变光盘驱动器。❶

## 第五节　中国期刊的数字化萌芽

### 一、高校学报论文磁带文献库的研制

党的十一届三中全会以后，我国高等教育事业在院校规模和科研实力上都得到了快速发展，在国家重大科研课题及工程技术开发方面发挥了重大作用，而大学学报是反映这些研究成果的重要平台。但在 20 世纪 80 年代中期以前，受相关技术的制约，我国高校学报如同散沙一般很难被检索使用，数字化程度很低。在这种情况下，我国广大大学学报的信息资源能够被国外文献库收录的很少，利用率极低。英国 INSPEC 磁带在 1978—1982 年仅收录了我国五所大学的学报共 285 篇文献，这只是当时我国学报发文总量的 0.04%，占比极低，而且文献出版与磁带收录之间的时滞经常为一年以上。当时，为了方便对文献信息的检索与利用，我国每年要花费数十万美元引进外国磁带数据库，在引进后却对之利用率不高，而近在咫尺的我国广大高校学报的文献信息资源却又无法用数字化的方式检索使用，资源浪费严重。❷

❶ 戚其秀．我国发展与应用光盘技术的对策［J］．中国情报信息，1994（2）．

❷ 万锦堃．中国高校自然科学学报文摘（英文磁带版）CUJA 文献数据库研制报告［J］．现代图书情报技术，1986（3）．

1982 年 3 月，中国情报学会第二次全国机器检索学术交流会在山东烟台召开。为了改变我国大学学报信息检索难的状况，来自国内 15 所高校的与会专家和代表经过协商，共同提出了关于编制“中国高等院校学报论文文摘”的建议书。由于当时汉字并没有实现数字化，汉字建库在当时还存在许多技术上的困难。为暂时回避汉字，建议书中提出要“采用英文方式建库”。

1982 年 7 月，“中国高等院校学报论文文摘（英文磁带版）CUJA（Chinese University Journal Ab-straets）磁带研制组”成立。研制组以清华大学图书馆计算机室为基础，并由清华大学负责组织研制，由全国 340 所高等院校（大学本科以上理工农医类学校）共同协作。CUJA 磁带的研制工作被列入教育部直接支持的重点科研项目。

在全体参与单位的共同努力下，1986 年 4 月，可实现多地联机检索服务的 CUJA 样带终于面世了，样带共包含 11403 篇高校学报论文记录。在具体的测试试验中，研制组在北京文献服务处情报检索系统（BDSIRS）的计算机上顺利地建立了 CUJA 磁带的两个检索文档，一些高校通过分布在全国 20 个城市的联机终端成功地进行了对高校学报论文信息的联机检索测试，效果良好。

1986 年 4 月 20 日，CUJA 磁带文献库科研成果鉴定会在清华大学召开，与会专家对 CUJA 磁带的研制成果给予了高度评价。技术鉴定委员会全体委员一致认为，CUJA 磁带已达到当时国际市售磁带的水平，整体性能良好，可满足在国内外计算机检索系统中建库和检索的实用性要求，由此通过鉴定。CUJA 磁带文献库是当时我国影响最大、覆盖范围最广、可进行国际交换文献量最多的综合性科技文献库，这一文献库的研制成功填补了我国机读西文文献库的空白，在我国参与国际技术情报交流方面发挥了极为重要的作用。[1]

1986 年，中国高校学报 CUJA 磁带研制组与中国科技文献复制公

---

[1] 万锦堃. 中国高校自然科学学报文摘（英文磁带版）CUJA 文献数据库研制报告［J］. 现代图书情报技术，1986（3）.

司联合编制成功了《中国大学学报缩微平片》（Chinese University Journal Microfiche，CUJM），并开始向海内外发行。与磁带文献库相比，缩微平片具有便于携带、复制和保存等诸多技术优势，是当时提供 CUJA 磁带文献库一次文献的首选介质。1986 年，首批试发行的中国高校自然科学学报 CUJM 分为理工、农林、医药三大类，共 100 种，其中包括全部重点大学的学报。[1]

## 二、中文科技期刊光盘数据库的研制与软盘电子期刊的发行

1989 年，中国科技信息研究所研发了《中文科技期刊数据库》，这是我国第一个光盘版的数据库。我国在 1991—1992 年生产出 6 种 CD-ROM 产品，分别为《中文科技期刊篇名数据库》《中国专利公报（英文版）》《中国对外经济贸易法律库（英文版）》《中国工商名录》《中国专利（CNP-TA）/ 文摘》《动态英语》。1993 年，我国共生产了包括《1992 年人民日报》《东方旅游》《中国机电工业 10 万企业及产品商情》《中国企业 · 公司及产品数据库》《中国化学文献数据库》《中国城市》《中国专利（CNPAT）/ 图文》《邮票上的中国》《中华药典》在内的 9 种 CD-ROM 产品。

中国科技信息研究所重庆分所于 1992 年研制出当时我国最大的综合性中文文献题录光盘数据库——《中文科技期刊 CD-ROM 光盘数据库》。该数据库共收录 1989—1991 年的 4600 余种科技期刊，入库记录总量达 61 万条，已经具备一定规模。虽然《中文科技期刊 CD-ROM 光盘数据库》的盘片是委托国外公司加工制作的，但该数据库的推出还是使我国光盘数据库的发展向前迈进了一大步，我国光盘产业开始由引进国外光盘向自行研制光盘转变。

1993 年 2 月，国家专利局将 18 万条专利信息制作成了 CD-ROM 数据库，使我国自建的 CD-ROM 数据库数量达到两个。

1993 年 4 月，由中国科学院上海有机化学研究所和上海科文光盘公司

---

[1] 中国大学学报缩微平片开始发行［J］. 东北重型机械学院学报，1986（4）.

研制的《中国化学文献数据库光盘（CCBD-CD）》制作完成，开始向海内外发行。[1]该文献数据库收录了1983—1993年中国科技工作者在国内发表的化学化工及其相关领域的研究论文，覆盖了400多种期刊。

1994年，《中国生物医学文献光盘数据库》（CBMdisc 1983—1994）由中国医学科学院医学信息研究所研发成功，并正式投入使用。我国对光盘技术的应用又上了一个新台阶。

据不完全统计，至1994年我国生产的CD-ROM达30余种，已初具规模。[2]1994年，国内利用WORM光盘已开发建立了多个数据库。具有代表性的数据库有交通部情报所完成的《中国交通文献库》、清华大学等单位推出的光盘文件管理系统、上海光机所开发的OA-88型光盘文件存档系统等。[3]

到了1995年，我国出版了《中国学术期刊（光盘版）》，这是我国第一个大规模集成化的全文电子期刊数据库，集成了包括我国自然科学、人文社会科学核心期刊、工程技术、专业特色期刊在内的3500种期刊的全文摘要、题录、引文信息等信息资源，同时还具有专业特色，在我国电子期刊发展中具有里程碑式的重要意义。

1996年1月29日，在国家相关部门的大力支持下，清华大学光盘国家工程研究中心完成了《中国学术期刊（光盘版）》光盘全文数据库的首期光盘，标志着我国光盘技术的发展已经进入新的历史时期。[4]

虽然我国对光盘数据库的研制工作取得了一定的成效，但这一时期我国自建的大部分光盘专题数据库规模较小，且专业过于单一，使用效率低下。专题数据库的研制缺乏宏观调控和统一协调，制造商单打独斗的现象极为普遍，还不具备以商品形式向广大用户提供信息服务的能力。

---

❶ 沈吟东．光盘技术及其在我国的应用［J］．现代图书情报技术，1994（2）．

❷ 夏旭．我国光盘数据库发展的现状及对策［J］．现代图书情报技术，1999（2）．

❸ 程建忠．光盘技术的发展及我国的现状［J］．科技信息，1994（2）．

❹ 夏旭．我国光盘数据库发展的现状及对策［J］．现代图书情报技术，1999（2）．

## 三、计算机排版软件的初步应用

### （一）方正书版与方正飞腾排版系统

方正书版软件是北京北大方正电子有限公司研制的一款用于书刊排版的批处理软件。1988 年，方正书版推出 4.0 版本，并陆续推出少数民族书版和灵活快捷的辅助功能；1993 年，方正书版已经广泛应用在电子出版、办公自动化等领域，是各个行业文印编排的首选软件。此外，北京北大方正电子有限公司研发的方正飞腾排版系统于 1993 年问世。

### （二）科印微机排版系统

1987 年，中国印刷科学技术研究所推出了科印微机排版系统。科印微机排版系统立足于当时国内已有的 LBM Pc/XT 机及其兼容机，具有广泛的技术适应性，对硬件无特殊要求，且价格较为便宜，深受用户青睐。科印微机排版系统采用批处理方式，在使用过程中可以随时插入如图表、字体、字号及各种数学参数等的排版命令进行自动排版、自动编码、自动组页等工作，其流程较易掌握，适于处理具有相对复杂界面的各类科技期刊。科印微机排版系统以排中文期刊、书籍为主，可以进行通栏（单栏）、双栏、三栏排。[1] 这一时期，科印排版系统版本从 1.0 更新到 4.0，功能逐步提升。在输出功能方面，1.0 版本具备 64 点阵的激光输出功能；2.0 版本增加了 128 点阵的激光输出功能；3.0 版本具备 128 点阵和 20 多种字体的激光输出功能；4.0 版本增加了友好用户界面及高精度矢量字激光输出系统，输出功能得到了进一步提升。[2]

### （三）华光普及型（BD）排版系统

华光普及型（BD）排版系统由北京大学计算机科学技术研究所成功研

---

[1] 安青．科技期刊排版软件的选择［J］．中国科技期刊研究，1991（3）.

[2] 张虹．科印排版技巧及版式处理［J］．云南大学学报（自然科学版），1995（17）.

发。该系统利用交互式生成方式，便于操作，能够排出带有数学公式的各种复杂版面、表格流程图及化学结构式等。在排版过程中，系统可自动安排文字与公式位置，可将数学公式自动对齐并在最佳位置换行，为用户提供了灵活方便的排版手段，是一种高级文字处理系统。

### （四）4S 高级科技文献书刊编排系统

4S 高级科技文献书刊编排系统是由北京四通集团公司研发成功的一种交互式处理方式。在具体排版过程中，该系统具有较强的直观性，可边看边键入，即打即排、即改即得，操作简单，方便灵活，较易掌握，较为适合带有复杂数学公式、化学结构式及图表较多的期刊排版工作，其功能与华光系统交互式部分类似。

### （五）WP 软件

1988 年，WP（Word Perfect）软件的 5.0 版本由国外引入我国。WP 软件本来是一种打排纯英文文章的排版软件，在引入我国之后，增加了编排公式及表格的功能。[1] WP 软件在期刊排版中的应用较少，国内一些期刊编辑部使用它编排少量科技文章的数学公式和化学方程式。

---

[1] 安青．科技期刊排版软件的选择［J］．中国科技期刊研究，1991（3）．

# 第四章　中国期刊数字出版技术体系的初步形成（1994—2004 年）

## 第一节　文化产业崛起与经济全球化、一体化发展

出版业在人类发展的长河中一直扮演着非常重要的角色，作为一个兼具文化性与商业性、意识形态属性与产业属性、商品性与公共物品性的行业，它担负着传播信息、传承文化和经营盈利等多方面的责任。这些属性的形成经过了一个历史发展的过程，自古至今，出版的性质、功能也在不断变化，这些变化离不开它所依存的文化、经济及技术环境。[1]在经济文化大力发展的背景下，中国期刊数字出版业的勃兴有其必然性。

### 一、文化产业崛起与期刊数字出版产业兴起

党的十一届三中全会以后，我国逐步建立起了社会主义市场经济体制。进入 20 世纪 90 年代，包括文化产业在内的第三产业得到了快速发展，国民经济得到了进一步恢复。1998 年，我国进行了政府体制的改革，包括文化部在内的许多国家机构在政府体制改革中被精简，而文化产业司却成为部门大精简背景下文化部唯一新成立的司。这充分表明了当时党和国家对文化产业发展的重视，中国的文化产业发展进入从自发向自觉的新

[1] 周蔚华，等. 数字传播与出版转型［M］. 北京：北京大学出版社，2011：1.

的历史阶段。

2000年10月，党的第十五届五中全会通过的《中共中央关于“十五”规划的建议》将文化产业提升到了一个全新的高度，这个频频出现于报端的概念第一次正式进入了党和国家政策性、法规性文件中。2001年3月，第九届全国人民代表大会第四次会议将这一建议纳入我国第十个五年计划的规划纲要中。文化产业在国民经济及社会发展中发挥着越来越重要的作用。

随着计算机及互联网等高新技术的普遍应用，文化产业逐渐融入现代出版技术飞速发展的浪潮中。文化产业的崛起，推动了数字出版业的发展壮大，在这一背景下，期刊数字出版产业蓬勃发展起来。期刊数字出版产业是一个集中代表了现代电子及网络信息技术的全球性新兴产业，伴随着文化产业的崛起，期刊数字出版产业在我国的兴起有其合理性和必然性。

## 二、经济全球化、一体化与期刊数字出版技术革新

自20世纪90年代以来，世界经济全球化、一体化进程不断加快，科学技术迅猛发展，国际文化交流、技术合作日益紧密、频繁。在这一背景下，经济对于文化的单向支配关系逐步失去了对客观现实的解释效力，文化产业的发展对经济发展的推动作用越来越显著。[1]在信息产业全球化发展趋势的推动下，一个超越民族、国家的文化内容市场正逐步形成。

数字出版产业是新兴的朝阳产业。随着经济全球化、文化全球化步伐的逐步加快，数字出版产业在促进各国经济发展、增进各国经济互惠与文化交流方面发挥着越来越重要的作用，许多发达国家的数字出版产业已经成为其国民经济的支柱产业。

2001年12月，我国正式加入世界贸易组织，标志着我国已在更大的范围、更广的领域及更高的层次上参与国际经济竞争与合作。在经济社会

---

[1] 周玉波. 文化力略论［J］. 湖南师范大学社会科学学报，2003（5）.

分工深度国际化的背景下，我国期刊数字出版产业显示出了相对弱小、较为封闭、竞争力不强、国际化程度较低的发展阶段特征。产业要发展，就必须适应经济全球化、一体化的发展趋势。从这一意义上来说，经济全球化、一体化要求我国期刊数字出版产业要不断实现技术创新，力求在国际竞争中立于不败之地。

## 三、网络及信息存储技术为期刊数字出版技术发展奠定坚实基础

20世纪80年代以来，我国的计算机网络技术得到了迅速发展。1994年，中国成为世界上第77个真正拥有全功能互联网的国家。自此，互联网技术开始在中国得到广泛应用。

相对于传统的通信方式而言，互联网可以更加方便高效地获取、处理和利用信息，大大提升了人们获取信息的能力，改变了人们传统的工作、学习、生活和交流的方式，给人们带来了极大的便利。随着互联网技术的不断发展，网络信息技术开始在我国各个领域得到广泛应用。截至2005年6月底，我国上网用户总数达到1.03亿人，仅次于美国，位居世界第二。[1]

如前所述，互联网技术在我国的出现及其在期刊出版领域中的应用赋予了传统期刊出版方式和运营模式新的活力和内涵，同时也给期刊出版工作带来了深刻的影响和变革。在电子信息和网络技术环境下，传统的期刊编辑流程（选题策划、组稿审稿、编辑加工、排版校对、信息反馈等）发生了极大变化，作者、编者、读者之间的关系也与过去迥然不同，期刊出版的成本大幅降低，出版效率显著提升。这一时期，我国大多数期刊实现了以计算机、数字打印机、数字扫描仪等为主要工具的编排一体化的出版模式，期刊出版的每个环节无不受到计算机网络信息技术发展的影响。

[1] 郝振省. 2004—2005中国出版业发展报告［M］. 北京：中国书籍出版社，2005：20.

互联网的出现及现代电子信息技术的发展，改变了传统的信息记录方式。这一时期，ZIP 软盘、JAZ 软盘、MO 磁光盘、MD 磁光盘、DVD-R 光盘、蓝光盘等新型信息存储介质开始在出版领域中得到应用。信息数字化存储、复制及处理技术的高度发展带动了期刊出版工作的现代化，无论是编排规范、印刷精美的纸质期刊，还是拥有丰富多彩、生动活泼界面的电子期刊，其可读性都大大增强。

## 第二节　期刊采编技术的变革

采编是采集信息及编辑信息的过程，是影响期刊出版质量的重要环节。随着现代电子信息技术及网络信息技术的应用，我国期刊出版开始向数字化方向发展，传统的稿件采编方式逐步被现代的采编方式所取代，期刊采编技术逐步向一体化、网络化方向发展。

### 一、期刊稿件采编流程的改变

网络信息技术的发展不仅使期刊出版进入数字化时代，也把期刊的采编工作带进崭新的网络时代，网络技术在期刊采编过程中发挥着越来越重要的作用，使期刊出版各环节发生了颠覆性的变化，从而推动了期刊采编方式的变革。

在现代网络信息技术出现并应用于期刊采编工作之前，期刊的采编都是通过信函的方式进行的。作者投稿主要通过邮局将论文的手写稿邮寄给编辑部，而编辑部在稿件审理、修改、编校时也主要通过信函与作者、审稿者进行联系。传统投稿方式会带来许多问题。第一，稿件通过邮局邮寄，最快也要一周左右的时间才能到达，在稿件的编修过程中，编辑部需与作者进行多次稿件信函的来往，浪费了大量时间，有时还有可能发生丢失稿件的情况，使作者投稿和编辑部采稿的成本大大增加；

第二，对于大多数学术期刊来讲，稿件的登记工作往往会给编务人员带来极为繁重的工作，导致稿件登记时间较长，登记回执无法在短时间内返回作者，作者很难及时确认是否已经投稿成功；第三，收稿后，编务人员（特别是综合类学术期刊）需要对大量的分属于不同学科的稿件进行分类并送到相应的编辑手中，由于稿件的跨学科等原因，分发错误是无法回避的问题，这在一定程度上降低了稿件处理的速度，影响了审稿效率。❶

在传统的出版技术条件下，编辑的工作几乎是通过手工完成的。在具体的编辑过程中，编辑人员要在作者的手写原稿上手工进行编辑加工，有时稿件因为改动过多导致稿面无法辨认。编辑工作结束后，排字工还要在铅字架上逐个找出文章中相应的铅字进行排版，工作繁重而复杂。有时还会出现在铅字排版后发现编校错误而需要加字或减字的情况，排好的铅字还要逐个倒版，工作量极大。

随着电子计算机技术的不断进步，电子出版技术蓬勃发展，人们开始使用电子计算机撰写书稿和论文，形成电子版稿件，并利用软盘、光盘存储等方式以电子文档的形式投稿。互联网络以其信息量足、涉猎范围广、空间大、方便快捷等技术优势，改变了传统的期刊采编流程，给作者、编辑和读者带来了近乎面对面交流的机会，实现了期刊稿件采编模式的数字化和采编流程的一体化与网络化。在网络技术环境下，还可以通过网络电子邮件（E-mail）方式远程投递稿件。编辑接到电子版稿件后，借助于电子计算机就可以对作者提供的稿本进行审读、加工，并可以通过互联网与作者、审稿者联系。邮件的发送只需几秒钟的时间，瞬间即可到达。电子计算机技术的应用及网络技术的发展，改变了传统的期刊采编方式，实现了稿件投递和编辑手段的数字化，大大提升了期刊编辑部的稿件采编效率。

---

❶ 王治国．论学术期刊出版流程的电子化［J］．暨南学报（哲学社会科学版），2009（3）.

## 二、期刊编辑模式的转变

### （一）编辑工作由被动变为主动，策划组织作用增强

网络信息技术时代信息资源空前丰富，信息获取更加方便快捷，信息技术的发展为编辑广泛利用信息提供了无限的空间。电子计算机及网络信息技术的应用，一方面，将期刊编辑从大量烦琐的事务性工作中解放出来，使编辑加工、拣字排版等环节实现了从手工劳动变成计算机的网络化运作，大大提升了期刊的出版效率及质量；另一方面，由于网络信息技术条件下的信息量大增，各期刊编辑部在争取优质稿件、争取首发权、增强刊物的竞争力、为读者提供更加周到的服务等方面展开了激烈的竞争，这就要求期刊编辑必须摒弃以往的工作方式，变“被动等待”为“主动出击”。

现代电子及网络信息技术的应用大大增强了期刊编辑主体的能动创造作用。编辑网上约稿、审稿专家网上审稿、稿件网上退改、定稿网上传送、与读者的网上交流等实现了远程处理，身处不同地区的编者、审者、校者、印者、读者能够面对面一般交流，编辑的活动空间大大拓展，其策划组织作用显著增强。

### （二）网络信息化要求提升编辑技术水平

编辑工作是整个期刊出版工作的中心环节，其对期刊出版工作的全局具有关键性的重要作用，编辑工作质量水平的高低是直接影响、制约甚至决定期刊复制或发行效果的核心因素。[1]编辑主体的创新意识实际上就是指编辑活动的把关与创造的双重使命[2]，它要求编辑主体能够站在时代的前列，充分发挥编辑主体的能动性，较为全面地掌握社会热点和读者的阅读兴趣，同时能够对瞬息万变的各种信息作出富于前瞻性和预见性的正确判

---

❶ 朴明珠．网络环境下期刊编辑流程新特点及应对策略研究［J］．新闻界，2010（3）．

❷ 何菊玲．试论编辑主体意识的现代化［J］．唐都学刊，2001（1）．

断，按照自己的方式去思考，并在此基础上制订出准确的编辑方案和有价值的选题和编辑思路。

网络化虽然能够带来丰富的信息和多元化的传播手段，但因信息流动量太大，常常会发生信息过载的现象，导致信息的可靠度、精确度大大降低，这就要求编者的知识系统必须广博，具有宽泛性和涵盖性，具有最大限度地提高信息传播和利用率的能力，能够正确辨别、处理和提炼有价值的信息，并经过创造性的加工后向社会传播。从这一意义上讲，网络信息技术环境下的期刊出版活动要求编辑的技术水平要在更大程度上得到提升。

### （三）编辑职能呈现综合化趋势

随着信息化、网络化技术的发展，期刊开始从传统出版向数字出版转型。相应地，期刊编辑的职能和工作方式也发生了较大转变。在传统的期刊出版流程中，稿件接收、编辑校对、排版印刷等各个环节分工明确，编辑的职能比较单一。而电子及网络信息技术的应用，使编辑职能逐步向综合化趋势发展，编辑由过去主要负责稿件加工转变为同时兼任稿件的采集、选题策划、编辑加工、校对、版式设计等一系列工作，编辑职能呈现综合化的发展趋势。

## 三、计算机排版软件的普遍应用

20世纪90年代中期开始，由于电子计算机的普及，许多期刊编辑部开始自行排版，计算机排版软件得到了普遍应用。这一时期，我国期刊出版主要使用方正排版系统（方正书版和方正飞腾）、华光系列排版软件、科印排版系统、四通排版系统及后来引入我国的LATEX排版系统和Microsoft Word排版软件等。现代排版软件的应用，大大提高了我国期刊的排版水平，提升了期刊的出版质量和出版效率，我国期刊出版业迎来了新的生机。可以说，排版系统的广泛应用改变了以往传统铅排周期长、精度低、改版难的落后面貌，取而代之的是一种高速、灵活、多功能、自动化程度较高的新型电子出版系统，能够适应期刊工作的现代化进程。

（一）方正排版系统

方正书版和方正飞腾是1994至2004年间国内期刊编辑部（杂志社）使用最为广泛的专业排版软件。❶当时，在图文混排过程中，首先要根据插图的大小在原文中预留出相应的位置，然后把手工绘制的图片经照相制成胶片，并剪贴在原文的空白处后制版印刷，费时费力，且极易出现错误。随着方正书版7.0混排软件的推出，这一问题得到了有效解决。方正书版7.0混排软件可以直接接受TIF格式的图文件，无须预留插图的位置，可以方便地进行期刊的图文混排，达到期刊出版全流程的计算机处理，大大提高了期刊出版的质量和效率。

随着电子计算机软件技术的发展及计算机操作系统的更新换代，20世纪90年代末期我国广大用户已普遍使用Windows95/98操作系统，而方正书版7.0版本须在DOS环境下运行，其工作界面越来越显示出不方便性。1999年，北大方正电子有限公司推出了方正书版9.0软件。方正书版9.0软件兼容了书版6.0、7.0版本，其排版模式和排版流程与书版6.0、7.0基本一致，并进行了较大幅度的改进和扩充。新增的具体功能主要包括五个方面：一是增强了大样预览功能，可输出PS和EPS格式的文件；二是增强了输出功能，可将方正排版结果输入到其他组版软件中；三是增强了图片的插入功能，支持多种文件格式；四是可将Word 97格式的DOS文件转成书版小样文件；五是增加了符号，可支持56000个扩充汉字。❷

2004年，北大方正电子有限公司发布了方正书版排版系统10.0版本。较之于6.0、7.0和9.0版本，方正书版10.0的排版功能进一步提升，其规范、快捷的优势更加突出。方正书版10.0是能够运行于Windowa98/NT/2000系统上的书刊组版软件，对编辑器、注解命令和大样显示都做了

---

❶ 王昌栋，陈翔，幸建华．科技期刊排版如何选用排版软件［J］．中国科技期刊研究，2007（1）．

❷ 杨华，等．用方正书版7.0进行科技期刊的图文混排［J］．中国科技期刊研究，2000（5）．

功能上的改进，使用更加方便、快捷。[1]

方正飞腾排版系统是北大方正电子有限公司研发的专业排版系统，于1993年问世。1994年，方正飞腾1.0版本发布。1995年，方正飞腾2.0版通过中华人民共和国电子工业部的鉴定。1997年，方正飞腾日文版成功打入日文排版市场。1998年，方正飞腾3.0版本系列排版软件发布，并于同年10月通过国家信息产业部的鉴定。1998年10月，方正飞腾3.0版本系列排版软件被Far Eastern Economic Review（《远东经济评论》）评为“亚洲创新科技银奖”。1999年8月，方正飞腾3.1版本发布，并在我国出版印刷领域得到广泛应用。2001年10月，随着方正飞腾4.0版本的正式推出，方正飞腾已经成为全球最卓越的中文专业排版软件。2003年1月，方正飞腾4.0版本被评为“中国软件行业协会推荐软件”。[2]

### （二）华光系列排版软件

华光集团照排系统公司先后研制了“华光书城”“华光印典”“华光书林”等排版软件，广泛应用于书、报、刊的排版工作中。

“华光书城”软件集编辑、排版、显示、输出于一体，是一款专业的书刊排版软件，具有较为强大的书刊排版功能。“华光书城”适用于Macintosh的多窗口操作环境，可在屏幕上同时开启TEXT窗口（主要进行文本编辑和排版命令的选择）与VIEW窗口（用来显示排版结果），操作灵活、方便，鼠标一点便可实现TEXT与VIEW窗口的切换。使用“华光书城”，用户无须记忆烦琐、复杂的排版命令，由于其具有可视化的操作功能，通过运用键盘及鼠标，很简单地就能得到所需要的排版效果。[3]

“华光印典”是华光集团照排系统公司推出的彩色图文排版系统，可进行书、报、刊的排版工作。该系统采用面向对象的设计方法，具有实

---

[1] 方正书版排版系统10.0版发布［J］. 印刷质量与标准化，2004（7）.

[2] 方正飞腾——铸造印前软件民族品牌［J］. 今日印刷，2003（7）.

[3] 殷建民，等. 华光书城——全新的专业书刊排版软件［J］. 今日印刷，1995（3）.

用的人机交互界面编辑排版功能，可以处理从 32 开本到 4 开本各种大小的版面（允许用户自定义大小），且系统运行较为稳定。“华光印典”软件为用户提供了多种多样的实用性工具，如多种浮动工具板、信息板、属性设定板，并支持鼠标拖拉操作，用户可以选择不同的工具完成不同的版面设计，任意比例的缩放显示可以使用户既能看到版面全貌，又能放大任意区域，完成局部版面的处理，使用户更加清楚、方便地完成编辑及排版工作。[1]

“华光书林”排版系统具有多文种科技书刊的排版功能，能够编排汉、俄、日、英、朝鲜、蒙古、哈萨克、藏、傣、维吾尔、阿拉伯、柯尔克孜、越南文等普通书刊和科技书刊，在多文种混排及对照排版、科技公式排版、民族文字与科技公式混排等方面具有明显的技术优势，深受少数民族文字期刊编辑部的青睐。[2]

### （三）四通易排全能排版系统

四通易排全能排版系统由珠海四通电脑排版系统开发公司研制成功，是专业排版及办公文书系统。该系统独创“全傻型”自动格式排版的思路，适应面向用户、面向界面的办公和专业排版的新要求，一经研制成功便在出版领域中得到了广泛应用。[3]四通易排全能排版系统主要包括 12 个子系统，即统计表格设计填报系统、公文合同应用文处理系统、名片卡片设计大全系统、文书处理系统、文档管理系统、函数作图系统、科技排版系统、刻字系统、印章系统、棋牌排版系统（围棋谱、象棋谱、国际象棋谱、桥牌）、乐谱排版系统（五线谱、简谱、舞谱）、报纸杂志排版系统。[4]珠海四通电脑排版系统开发公司在推出四通易排全能排版系统的基础上，又开发了四通 OA 排版卡和四通易排高速轻印刷系统，操作界面更加直观，

---

❶ 华光印典彩色图文排版系统［J］. 广东印刷，1996（5）.

❷ 殷建民，等. “华光书林”多文种科技书刊排版软件［J］. 今日印刷，1994（3）.

❸ 陈雁. 四通全能排版系统研制成功［J］. 广东印刷，1995（3）.

❹ 殷步九. 一种专业化、规范化、面向设计者的办公自动化及专业排版新工具——四通易排全能排版系统［J］. 今日印刷，1995（4）.

价格便宜，更加经济适用。[1]

(四)LATEX 排版系统

1977年，美国学者高德纳(Donald E. Knuth)开始设计TEX文字处理系统，并最终形成LATEX语言，于1980年开始运行。LATEX排版系统是一种基于TEX的格式化的排版系统，是由美国计算机学家莱斯利·兰波特(Leslie Lamport)在LATEX语言的基础上开发成功的，包含300条基本命令和600条扩展命令，功能十分强大。通过输入LATEX命令，几乎可以对任何格式的文献进行排版，尤其在含有大量数学公式的书刊排版方面优势明显。这一系统一经问世便以高质量的排版效果震动了世界出版界。当时世界上许多一流图书出版社和期刊杂志社，如威科集团(Wolters Kluwer)、艾迪生·韦斯利公司(Addison-Wesley)、牛津大学出版社等都利用LATEX系统出版书籍和期刊。[2]

一般来说，由于刊物的风格不同，各期刊都有自己的排版要求。学术期刊要求公式、图表及参考文献等的排版格式必须符合规范。在具体的排版过程中，一些科技期刊中往往含有极为复杂的数学公式，排版费时费力，且极易出现错误。而LATEX排版系统能够提供TEX的宏命令，能够把各种复杂的数学公式系统化，这就大大简化了复杂数学公式的排印过程，缩短了排版时间，给用户带来了极大的方便。用户只需按照规定给出这些确定的宏命令，即可生成质量较高的作品，方便快捷。

LATEX能够提供专业级的版面设计，具有可编程性、较高的稳定性和灵活性，但其在设计全新的版面时，重复性编码极多，工作量极大，需要耗费大量的时间，不适于排版非结构化的、无序的文档。

---

[1] 殷步九．经济适用的最佳排版系统——四通易排高速轻印刷系统简介［J］．新闻三昧，1994(6)．

[2] 王春燕．应用LSATEX系统排版自然科学类期刊的优势分析［J］．出版科学，2007(3)．

### （五）Microsoft Word 排版软件

上述排版软件虽都有自身独特的功能，但也有许多缺陷难以克服。例如，科印系统的排版不够直观，不能直接对插图进行排版，而且用户需要掌握很多命令，出错时不易查找；四通排版系统的排版界面虽然相对较为直观，但其兼容性较差，对计算机硬件配置要求较高，不能自动生成表格，需要通过手工绘制，程序烦琐。而 Microsoft Word 软件系统很好地克服了上述排版软件的缺点，具有直观灵活且强大的插图制作功能、完善的表格生成功能和快捷的数学公式编排等优点，更加容易掌握和操作，为用户提供了更为友好的界面。Microsoft Word 软件具有组合文本和图形的功能，可将文字、图形、表格等同时混排于一个文件之中，且操作简单，方便快捷。[1] 我国在这一时期主要采用的 Microsoft Word 排版软件主要有 Microsoft Word 97 版、Microsoft Word 2000 版和 Microsoft Word 2003 版。2007 年，美国微软公司发布了 Microsoft Word 2007 版，进一步扩展了 Microsoft Word 软件的排版功能。

虽然 Microsoft Word 软件具有较强的排版功能，但因其排版过程中文字活动性较强，尤其在排版篇目较长的书刊时，串行现象时常出现，排版稳定性相对较低。因此，Microsoft Word 软件在期刊编辑部的正式排版中很少使用。

## 第三节　期刊制版及印刷技术的进步

### 一、CTP 技术实现期刊的计算机直接制版

网络信息技术的发展使信息量越来越大且更新速度越来越快，传统

---

❶ 朱慧娟，孙跃岐，朱虹．Microsoft Word 在科技期刊排版中的应用［J］．黑龙江商学院学报（自然科学版），1997（2）．

的印刷制版技术不仅手续多、耗材量大，而且生产周期长，已经不能适应网络信息技术条件下的出版要求。随着计算机技术的不断发展，其软硬件性能逐步提升，现代出版技术日臻成熟。在这一背景下，制版印刷业强烈地呼唤一种能够简洁地将数字化的图文信息通过计算机直接输送到版材上的新的制版技术，即计算机直接制版技术。所谓计算机直接制版（Computer to plate，CTP）[1]就是将计算机中存储的数字化图文信息经过扫描设备直接输送到版材上进行曝光成像，并经过显影、烤版等处理后用于印刷的过程。[2]

### （一）CTP技术的发展状况

#### 1. 国外CTP技术的发展状况

自20世纪50年代以来，CTF技术一直占据着世界印刷领域。传统的制版技术不仅手续多、耗材量大，而且生产周期长，制版效率及质量较低。20世纪70年代末期，受市场需求的驱动，美国、日本的一些机构开始投入CTP系统和版材的研发工作，并于20世纪80年代研制出了初级产品，[3]但其生产技术还极不成熟，产品质量不高，在出版领域的应用还极为有限。进入20世纪90年代，市场需求进一步增加，一些CTP系统及版材的设备制造商开始与印刷厂家合作，开展了大量的技术研发工作，形成了相对完善的CTP技术体系，基本达到了能够满足工业化应用的程度。自此，关于CTP系统及其版材的研究热潮开始涌现。据相关统计，1990—1996年，全世界范围内公布的关于CTP系统及其版材的专利文献达到了300多篇；在1995年德鲁巴印刷展览会（Drupa）上共展出了42种CTP

---

❶ 在印刷领域CTP包含以下4种含义：Computer to Plate，从计算机直接到印版，即人们经常说的“脱机直接制版”；Computer to Press，从计算机直接到印刷机，即人们经常说的“在机直接制版”；Computer to Paper/Print，从计算机直接到纸张或印品；Computer to Proof，从计算机直接得到样张，即数字打样。一般情况下，CTP技术更多的是指计算机直接制版（Computer to Plate）技术。

❷ 刑燕霞，张存林. 计算机直接制版技术及应用［J］. 光学技术，2000（2）.

❸ 李春如，杜原，林立. 计算机直接制版时代已经到来［J］. 印刷杂志，2000（5）.

系统，在品种和数量方面都较过去有大幅提高，CTP 系统开始成规模地进入商业领域。同时，CTP 系统及版材的相关技术也开始在印刷领域得到广泛应用。到 1996 年，美国最大的 100 家印刷企业中已有 50~60 家采用了 CTP 系统。❶

然而，当时直接制版机的价格还十分昂贵，大批中小型印刷企业难以承受，因此限制了这项技术的推广应用。20 世纪 90 年代中后期，直接制版系统及其版材技术进一步成熟，直接制版机的价格开始下降，大量中小型印刷企业有了使用 CTP 技术的机会，纷纷购入 CTP 系统和版材。据美国印刷技术权威机构 GATF 的调查显示，1995—1998 年，世界范围内 CTP 系统的使用数量从 311 套增长到 3100 套，增长了近 10 倍。至 2006 年，全世界 CTP 系统的种类已经达到了 80 余种，使用量已经超过 3 万台。❷

20 世纪 90 年代末，CTP 系统及其版材之所以能够迅速普及，在印刷领域得到广泛应用，除了价格因素外，其制版性能的大幅提升也是一个重要的原因。CTP 系统及其版材技术开发商为争夺市场展开了激烈竞争，催生了一大批先进技术，大大提升了 CTP 系统的制版性能和版材的质量，反过来又促进了市场需求的增长。当时，市场上的直接制版机已经能够实现单双色印刷和四色彩印，并能够满足大幅面、小幅面的印刷需求，可应用范围进一步拓展。在这一时期，CTP 相关技术的使用仍然以欧美、日本等发达国家为主，CTP 技术在这些国家印刷厂中的应用率已经达到了 60% 以上。

2. 我国对 CTP 技术的引进与研制

我国最早一批投入使用的 CTP 设备大都属于进口品牌。这一时期我国从国外引进的计算机直接制版系统主要有：丹麦 Purup-Eskofot（宝禄德福）公司的 DMX 内鼓式全自动计算机直接制版（CTP）系统（版神）、大日本

❶ 王世勤. 计算机直接制版机的现状与发展趋势［J］. 影像材料，2001（5）.

❷ 童光才，杨祖彬. 计算机直接制版技术的发展问题及动向［J］. 包装工程，2009（6）.

网屏（中国）有限公司生产的Plate Rite 4000 B2尺寸热敏式直接制版机、日本富士公司生产的Laxel P-9600CTP型计算机直接制版机、AGFA公司生产的伽俐略（Galileo）Thermals热敏型电脑直接制版机、捷成洋行生产的彩色柯氏数字化印刷机Indigo E-print1000、赛天使公司的全胜3244+热敏型计算机直接制版机、美国EGRM公司推出的Stingray系列激光照排机、GRETAG公司研制成功的系列热敏和可见光系统的直接制版机，等等。

除了对CTP技术的引进，这一时期我国还进行了大量直接制版技术方面的研发工作，并取得了初步成效。国内厂商开发的CTP系统主要有北大方正+爱克发激光照排机组成的CTP系统、四通集团+喷墨打印机组成的CTP系统、北大与华通合作研制的CTP系统，等等。❶

进入21世纪，计算机直接制版技术开始在我国印刷领域得到一定程度的应用，用户数量大幅增长。截至2006年9月，CTP制版系统在我国已经累计安装了726台，仅2006年就安装了196台。2007年，柯达图文影像集团在深圳建立了CTP演示中心，进一步推动了CTP技术在我国的发展。❷

3. CTcP技术的发展

CTP技术的发展实现并推动了印前的数字化。然而，CTP技术并没有彻底取代传统的PS版在印刷领域中的应用。随着CTP技术的日趋成熟，尽管CTP版材的价格已经有了相当程度的下降，但相对于传统的PS版材来说，其价格依然较为昂贵，是传统PS版的几倍甚至几十倍。在CTP技术迅速发展的背景下，受传统PS版价格的制约，我国仍然有很多印刷厂家没有使用CTP技术进行制版印刷。

CTcP（Computer To conventional Plate）技术是CTP技术的一种形式，是指在传统PS版上进行计算机直接制版的过程，除具有CTP降低生产成本、提高印刷质量、缩短生产周期的特点外，最大的技术优势就是可使用一般的且价格较为便宜的传统PS版材，这就在更大程度上降低了印刷企

---

❶ 计算机直接制版技术［J］. 电子出版，2000（12）.

❷ 景翠宁. 浅析CTP直接制版机分类［J］. 今日印刷，2008（1）.

业的生产成本。CTcP 技术并不是 CTP 技术之外的另一种制版技术，而是 CTP 技术的延伸与发展。[1]从一般意义上说，在降低生产成本、提升制版性能等方面，CTcP 技术较之于传统的 CTP 技术更进了一步，解决了长期以来一直制约 CTP 技术发展的“瓶颈”问题，更能够适应市场需求，为印前数字技术的发展开拓了更为广阔的空间，应用范围进一步扩大。

CTcP 的概念最早由德国 BasysPrint 公司提出。BasysPrint 公司在 1995 年推出初具雏形的 UV-Setter 制版机的基础上，于 2000 年推出了使用价格更为便宜的传统 PS 版进行直接制版的 UV-Setter 系列制版机。[2]自此，传统 PS 版得以进入直接制版领域，CTcP 技术应运而生，其在计算机直接制版的历史发展进程中具有里程碑式的重要意义。

2003 年，德国 BasyPrint 公司和维尔特图像技术（上海）有限公司共同举办了“CTcP 制版机来到中国——使用传统版材的 CTP 发展之路”媒体交流会。拥有先进 CTcP 技术的德国 BasysPrint 公司和在印前系统具有丰富的开发、集成和销售经验并拥有完善技术服务体系的维尔特图像技术（上海）有限公司强强联手，从中国国际全印展开始，共同将 CTcP 技术推向了中国内地市场。[3]CTcP 技术开始在我国印刷领域得到应用。至 2008 年 11 月，在上海举办的第四届全印展上，科雷推出了具有自主知识产权的中国首台 CTcP 直接制版系统——UV-CTP，CTcP 直接制版系统开始进入国产化时代。[4]

### （二）CTP 技术实现了印前的数字化

在激光照排技术条件下，将电子编辑系统输出的数字图文信息用照排胶片记录后，需进行拼版、晒版等工作，并要经过显影和定影等技术处理

---

❶ 王俊，罗如柏，周世生．CTcP，传统 CTP 的延伸与发展［J］．广东印刷，2006（6）．

❷ 曹前．CTcP 技术综述［J］．广东印刷，2006（3）．

❸ 张珂．CTcP 制版机来到中国［N］．中国包装报，2003-12-15．

❹ 科雷推出中国首台 CTcP 制版系统［EB/OL］．（2008-11-21）［2015-01-06］．http://news.pack.cn/hydt/market/20081121/131716.shtml．

后，再通过手工将经过处理后的照排胶片拼接成对开胶片，拷贝到对开PS版上，才能利用PS版进行印刷。而在计算机直接制版技术条件下，可直接将电子编辑系统上的数字图文信息输送到PS印版上，其制版效果明显优于电子激光照排系统。[1]

CTP技术与CTF技术[2]相比（如图4-1），其能够利用电子计算机将电子编辑系统上的数字图文信息经过直接制版机输出到PS版上，省去了照排胶片、拼版、晒版、显影等工序，不仅简化了制版流程、缩短了制版周期、降低了制版成本，而且通过电子计算机处理后，印版上的网点较CTF技术下更为清晰，成像质量明显优于传统的晒版工艺，[3]影像转移质量和制版效率明显提高。CTP技术实现了印前的数字化。

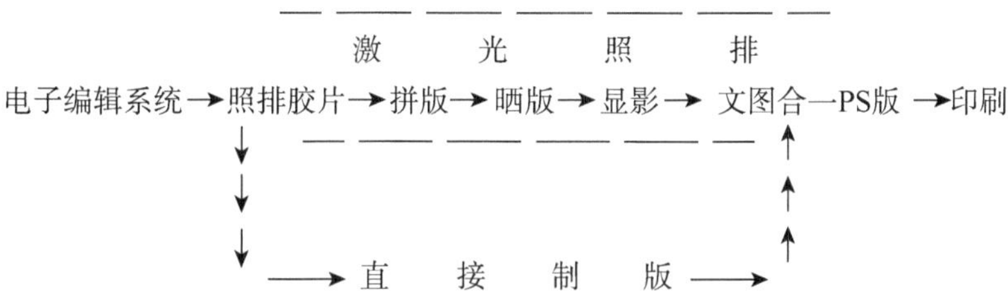


**图4-1　激光照排和计算机直接制版系统的不同输出过程**

## 二、数字化直接印刷技术的发展与应用

计算机技术和数字技术给世界科学技术的发展带来了翻天覆地的变化，印刷行业是应用计算机技术和数字技术最为广泛的行业之一。

20世纪90年代以后，随着电子及网络信息技术的飞速发展，数字印刷技术应运而生，并迅速地在出版领域得到应用。印刷技术数字化产生的直接推动力是印前技术数字化的实现。所谓数字直接印刷是指将印前系统处理好的数字图文信息直接输出到纸张或其他印刷材料上的印刷过程。数

[1] 李新章，等. 计算机直接制版系统［J］. 电子出版，1996（3）.

[2] CTF（Computer to Film）指的是激光照排技术，意指利用计算机直接制作胶片。

[3] 孟蓉，南山. 计算机直接制版技术的发展［J］. 电子出版，1998（6）.

字直接印刷技术是印前数字化技术在技术链上的拓展与延伸，使数字技术拓展到了印刷环节，实现了整个印刷流程的数字化发展。

相对于CTP技术而言，数字直接印刷将在印版上输出页面信息发展为直接将页面信息输出在承印物纸张上，大大提升了印刷的效率。相对于传统印刷而言，数字直接印刷具有以下三个基本特征。第一，数字印刷最终影像的形成过程一定是数字式的，即印前信息一定要是数字化的；第二，数字印刷过程实质是利用计算机将图文信息直接输出到纸张或印刷品上的过程，无须制版；第三，数字直接印刷前的信息为100%的可变信息，随时可以进行编辑修改。因此，数字直接印刷既是可变信息的印刷，又是无版印刷。❶

20世纪末期，数字印刷技术在我国已经有了一定的需求空间（主要集中在商业印刷与书刊印刷这两个领域），数字印刷技术得到了初步发展，但应用程度不高，开展数字直接印刷的厂家极少，大多企业仍在采用传统的制版印刷方式。进入21世纪以后，数字直接印刷技术在我国开始得到普遍应用，数字印刷工艺更加趋于成熟，我国开展数字印刷的厂家数量逐步增加。至2004年，我国从事数字印刷的企业约占全部印刷企业数量的23.1%。❷

## 第四节　期刊发行技术、阅读方式变迁及数字出版产业链的初步形成

网络信息技术的发展，改变了期刊的发行技术和阅读方式，也使期刊的办刊思路发生了转变。这一时期，网络电子期刊开始出现，大量期刊通

---

❶ 苏铁青，彭慧亮．数字印书与计算机直接制版技术［M］．北京：印刷工业出版社，2007：39-40.

❷ 王瑞强．数字印刷的发展与应用［J］．信息记录材料，2009（5）.

过万方数据库、中国期刊网、维普资讯、龙源期刊网等期刊数据库逐步实现了网络版与印刷版的发行，实现了制作、传播等部分过程的数字化；网络电子期刊的出现推动了期刊阅读方式的变迁，期刊网上阅读量也呈现不断增长的态势。在电子商务技术的支撑下，期刊的网上付费阅读方式开始出现，读者网上阅读、网上支付，可以整本购买，也可按篇付费。网络信息技术条件下期刊的办刊思路朝更加注重刊发信息的时效性、更加注重编辑系统的开放性、更加注重网络信息人才的储备与使用、更加注重期刊的服务效率和经营效益的方向发展。

## 一、网络信息技术条件下的期刊发行渠道变迁

传统期刊出版是把文字、图片、表格、公式等信息内容印刷在纸介质上，装订成册进行发行和阅读。电子计算机技术的出现改变了信息的存储方式，磁、光等信息存储技术快速发展起来，磁带期刊、光盘期刊等电子期刊出版方式开始出现。随着现代电子信息及网络技术的发展，一种新的期刊出版方式——网络电子期刊应运而生。网络电子期刊在形式上保留了传统印刷期刊的版式特征，在内容上又以数字信息的方式加以呈现。网络电子期刊种类很多，按是否有印刷版来划分，可分为传统期刊的数字化和只在因特网上出版的纯电子期刊两类。前者是印刷型期刊在发行印刷版的同时，在因特网上同步发行经过电子转换后的电子版（有些是印刷版的完全版，即内容完全一致，纯文本格式；有些与印刷版或多或少有所不同，如内容的增删、增加了编者与读者的交流、添加了信息检索功能等）；后者为纯网络电子期刊，这类期刊在内容表现形式上更加丰富。这一时期我国网络电子期刊的发展处于传统期刊的数字化阶段。

20世纪80年代开始，我国逐步展开电子期刊的建设和研究工作。当时，国家十分重视对网络信息资源的利用，积极倡导科技信息交流，将中文科技期刊上网作为“九五”国家重点攻关项目“数字化图书馆示范系统”专题项目，我国期刊的数字化建设开始启动。[1]1995年1月，

[1] 谢新洲. 电子出版技术［M］. 北京：北京大学出版社，2006：75.

由原国家教委主办的《神州学人》杂志通过中国教育和科研计算机网出版发行，这是我国第一份中文电子期刊。1995 年 7 月，全文型电子杂志《大恒电脑光盘杂志》发行。[1]1997 年以后，《中国比特网》《因特网世界》《中国计算机用户》《互联网世界》《经济导刊》《南风窗》《战略与管控力》《现代保险》《资本》《慧聪》《钱杂志》等网络电子期刊纷纷涌现。

20 世纪 90 年代末，万方数据、龙源期刊网、中国期刊网、维普中文科技期刊等数字化期刊系统相继开通，这在我国期刊数字化发展进程中具有里程碑式的重要意义，使得期刊的网上发行及网上阅读成为可能，我国期刊数字化发展进入系统化、规范化和实用化的发展阶段。大量期刊通过加入万方数据库、中国期刊网、维普资讯网、龙源期刊网等网络电子期刊数字发行平台，逐步实现了网络电子版与印刷版的线上线下发行，实现了制作、传播等部分过程的数字化，用户可以通过这些网站浏览或者直接检索多种电子期刊。

### （一）万方数字化期刊系统

万方数字化期刊系统是国家“九五”科技攻关项目，是万方数字资源系统的重要组成部分。它是由中国科技信息研究所主办，万方数据网络中心运营的大规模数字化期刊群项目，是我国首个网络中文期刊数据库，也是中国较大规模的期刊数字化上网工程之一。由于早期的万方数字化期刊系统的期刊论文全部采用 HTML 方式制作，可形成以 PDF 版为主的网上期刊编排显示方式，读者可以利用 Adobe Reader 软件浏览，有效解决了复杂公式、特殊符号的处理问题。“万方数据资源系统——数字化期刊群”的最大特点是浏览方便、有超文本链接功能、检索查询准确高效，并具有编辑延伸功能，可以实现读者、作者及编者间的互动交流。[2]2005 年，万方

❶ 陈婕．我国期刊数字化的发展进程和面临的问题［J］．学习月刊，2011（16）．

❷ 向飒．期刊数字化发展及品牌延伸［M］．北京：中国传媒大学出版社，2013：38-39．

数据的营业额已经接近2亿元人民币。[1]

（二）中国期刊网

1999年6月，CNKI开通“中国期刊网”（www. chinajournal. net. cn，简称CJN）。它在《中国学术期刊（光盘版）》的基础上进一步扩大了收录规模，成为当时我国唯一拥有1994—2000年5300种期刊完整数据的全文检索完备化的数据库。中国期刊网作为CNKI项目的子系统，是当时国内最大的动态更新的中国期刊文献数据库，也是当时最先进的中英文全文网络数据库制作与检索管理系统，内容每日更新。中国期刊网文献信息分为《中外文期刊题录数据库》《题录摘要数据库》和《专题全文数据库》三大类。除此之外，中国期刊网还包含了《中国期刊博览征订库》《期刊俱乐部》《中国学术期刊评价数据库》《作者库》和《中国期刊广告发布库》。

中国期刊网于2003年正式更名为“中国知网”，其业务范围进一步扩大，当时已发展成为集期刊、硕博学位论文、会议论文、报纸、年鉴等资源的大型知识服务网站。截至2005年10月，《中国期刊网全文数据库（CJFD）》拥有公开出版的期刊7400多种，积累全文文献1500多万篇，涉及理、工、农、医、文史哲、经济政治法律、教育与社会科学、电子技术与信息科学九大专辑类别，包含126个专题文献数据库。

（三）维普资讯网

2000年，重庆维普资讯有限公司建立了“维普资讯网”。重庆维普资讯有限公司前身为中国科技情报所重庆分所数据库研究中心，一直致力于报刊等信息资源的深层次开发与推广应用，集数据采集加工、光盘制作发行和网络信息服务等工作于一体。“维普资讯网”所依赖的《中文科技期刊数据库》由中国科技信息研究所重庆分所于1989年开发，分为3个版本（全文版、文摘版、引文版）8个系列36个专业。2001年，《中文科技期刊数据库》以正式的连续电子出版物形式出版发行，收录了中国境内从

---

[1] 郝振省，等．2005—2006中国数字出版产业年度报告［M］．北京：中国书籍出版社，2007：17.

1989—1999 年各年出版的中文期刊 12000 余种，累积文献量达到 400 万篇。截至 2006 年 11 月，“维普资讯网”已经收录期刊 8200 余种，收录文献 696 多万篇。

（四）龙源期刊网

龙源期刊网 1998 年 12 月试运营，1999 年 6 月开通，是全球最大的中文电子期刊网站。至 2003 年年底，龙源期刊网已有独家签约的 800 多种著名刊物的电子版，并在此基础上代理了 3000 种科技期刊的电子版和 6000 多种纸质版期刊的网上订阅服务。同时，龙源期刊网还与中国网通、中国移动、四川电信、山西联通等多家国家级和省级通信运营商合作，通过协作运营方式开展了数字期刊及手机杂志频道等多项业务，并在此基础上独立开发了 iPhone 版、Android 版手机杂志，吸引了较多用户，其期刊手机出版、原创手机杂志等促进了个人读者市场的稳步增长。表 4-1 为中国主要网络电子期刊出版平台及其收录数据。

表 4-1　中国主要网络电子期刊出版平台及其收录数据❶

<table>
<tr><th rowspan="2">网站名称</th><th rowspan="2">期刊类型</th><th colspan="3">内容分布</th><th rowspan="2">回溯出版时间</th><th rowspan="2">出版周期</th><th rowspan="2">文献数量</th></tr>
<tr><th>科技</th><th>社科</th><th>人文</th></tr>
<tr><td>中国知网</td><td>正式刊</td><td colspan="3">科技类、人文社科类</td><td>创刊年至今</td><td>每日更新</td><td>8206 种期刊，2760 万篇文献</td></tr>
<tr><td>万方数据</td><td>正式刊</td><td colspan="3">科技类、人文社科类</td><td>1998 年至今</td><td>每周更新</td><td>5607 种期刊，696 多万篇文献</td></tr>
<tr><td>维普资讯</td><td>正式刊<br>内刊</td><td colspan="3">科技类、人文社科类</td><td>1989 年至今</td><td>每月更新</td><td>8200 余种期刊，1600 多万篇文献</td></tr>
<tr><td>龙源期刊</td><td>正式刊<br>内刊</td><td colspan="3">以人文社科类为主</td><td>未知</td><td>每月更新</td><td>1600 种期刊</td></tr>
</table>

注：数据截至 2006 年 11 月

❶ 郝振省，等．2005—2006 中国数字出版产业年度报告［M］．北京：中国书籍出版社，2007：55.

## 二、网络信息技术条件下期刊阅读方式的变迁

在传统出版技术条件下，期刊主要以纸质刊物为主，读者查阅资料需要耗费大量的时间和精力，且查阅精度极低，有时翻阅很长时间也不能找到需要的论文资料。计算机及网络信息技术的发展，改变了期刊的传统阅读方式，打破了时间、空间的限制，通过万方数字化期刊系统、中国知网、维普资讯、龙源期刊网等大型期刊网络平台的信息检索功能，即可实现期刊论文的迅速查询和阅读，摆脱了纸张等传统载体的限制，使期刊阅读变得更加方便快捷。与传统纸质期刊相比，大型期刊数据平台具有信息量大、时效性强、可实现“关键词”分类查询检索等功能，颠覆了传统的期刊阅读方式，实现了期刊信息资源的共享。

网络技术条件下的期刊阅读方式主要有在线阅读和下载阅读两种。在线阅读主要是指用户打开相关网页找到自己需要的内容直接在网页上阅读，以获得自己想要的信息和知识的过程；下载阅读主要是指用户从相关网站下载自己所需要的信息存放在自己的电脑或其他电子阅读器上进行阅读的方式。随着电子商务技术的发展，期刊的付费阅读方式开始出现。读者网上阅读、网上付费，可以整本购买，也可按篇付费。

## 三、期刊数字出版产业链的初步形成

从期刊出版流程方面来看，期刊数字出版大致有两种模式，一是作者＋网络平台＋终端读者；二是作者＋传统出版＋网络平台＋终端读者。第一种是纯网络电子期刊的出版模式，第二种是传统期刊的数字化出版模式。从两种期刊数字出版模式看，由于当时我国期刊数字出版还处于传统期刊的数字化阶段，数字出版运营商还没有大规模地开展纯网络电子期刊的出版业务，因此，传统期刊的数字化出版模式更加适合当时中国期刊数字出版的实际。

相对于传统出版而言，虽然数字出版代表着先进的出版技术，但数字出版与传统出版在本质上仍保持着一致性。数字出版技术虽然改变了传统

出版的模式，缩短了出版周期，提高了出版效率和质量，但其并没有改变出版的实质，作品内容的创作及对作品创造性编辑加工后的信息传递仍然是出版的核心。[1]因此，在传统期刊数字化出版模式下，传统纸质期刊的内容仍是构成期刊出版产业链的源头，期刊编辑部、期刊数字出版平台及网络电子期刊用户群在网络空间上紧密相连。在期刊产业运营流程的开始阶段，传统期刊编辑部将已经出版的纸质期刊（或电子版）按协议提供给期刊数字出版商，由数字出版商在期刊数字出版平台上以数字形式发行，而读者用户群通过互联网登录期刊数字出版平台，利用网络终端设备对数字期刊进行检索、查询、下载和阅读，从而实现了传统期刊的网上发行和网上阅读。

因此，内容提供者（传统期刊）、期刊网络出版平台的技术提供商（中国知网、万方数据、维普资讯、龙源期刊等）和网络电子期刊用户群（高校、科研机构、图书馆、机关、企业、中小学及一般消费者）构成了期刊数字出版产业链的上游、中游和下游（如图 4–2）。中国期刊数字出版的产业链初步形成。

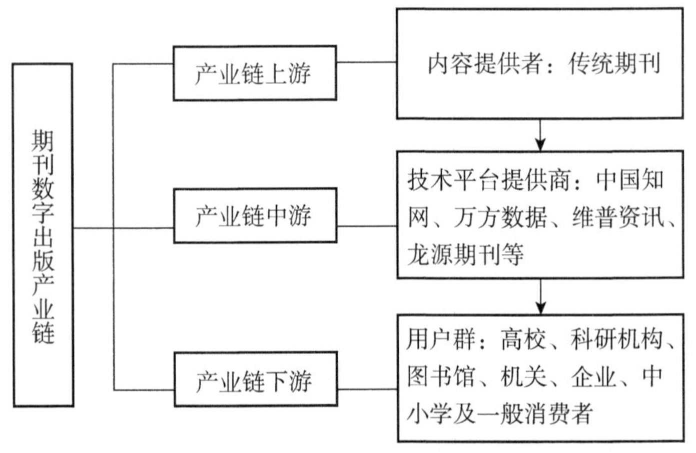


**图 4–2　期刊数字出版产业链的构成**

---

[1] 杨西京．抓住机遇 主动应对 积极探索 勇于实践：中国轻工业出版社在数字出版业务中的探索［J］．科技与出版，2011（2）．

## 第五节　期刊数字出版技术体系的初步形成

### 一、期刊数字出版技术体系的内涵及构成

对于期刊数字出版技术体系这一范畴，不仅要明确其内涵，更要明确它的构成要素，即其包含的子类及适用空间。现代系统论认为，系统是由相互作用并相互依赖的若干要素结合而成的具有特定功能的有机整体。而体系是指一定范围内的同类事物按照一定的秩序组合成的有机整体，由不同系统组成。从这一意义上讲，出版体系就是“由分工不同、联系密切的各个出版单位或出版环节，按照同一目的和同一秩序构成的统一的多层次系统”[1]。

期刊数字出版具备出版传播的一般特征。从一般意义上来说，出版传播过程即是制作并向受众传播出版物的过程，它始于对作品信息的采集，发展于对作品的创造性编辑加工，终于出版物在公众之间的散布与流通。[2]从上述对出版系统及对出版传播总体职能的定义可以看出，数字出版系统包括数字出版物的生产和流通两个重要环节，相应地，数字出版技术就包括数字出版物的生产技术和流通技术，它们共同构成数字出版技术体系（如图 4-3）。

---

[1] 袁亮．出版学概论［M］．沈阳：辽海出版社，2000：162.

[2] 匡导球．中国出版技术体系及其发展历程［J］．南京社会科学，2009（6）.

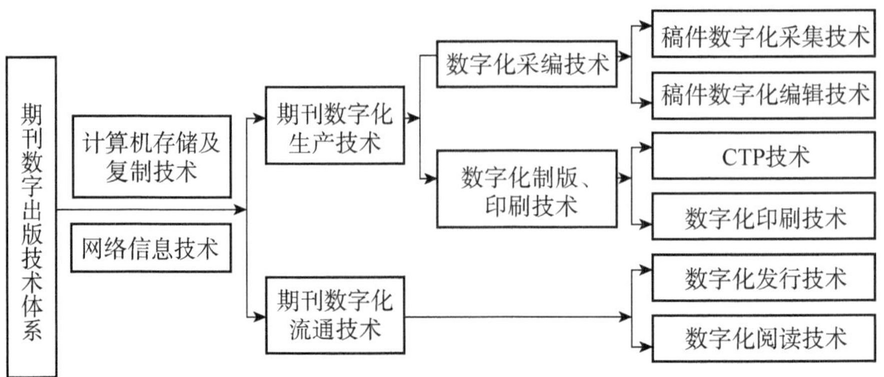


**图 4-3 期刊数字出版技术体系框架**

从期刊数字出版的生产过程来看，它应包括期刊的数字化采编、数字化制版及印刷两个方面；从期刊数字出版的流通过程来看，它应包括期刊的数字化发行及其相应的受众数字化阅读。因此，依据期刊数字化生产及流通的过程，期刊数字出版技术体系应包括稿件数字化采集技术、稿件数字化编辑技术、计算机直接制版（CTP）技术、数字化印刷技术、数字化发行技术和数字化阅读技术几个方面。当然，期刊数字出版技术体系中还必须包括计算机信息存储及复制技术，因为期刊的数字化采编、数字化制版印刷、数字化发行及数字化阅读等都是在计算机信息存储及复制技术的基础上进行的，因此，计算机信息存储及复制技术是期刊数字出版技术发展的基础。

## 二、中国期刊数字出版技术体系的形成及轨迹

随着计算机存储、复制技术及网络信息技术的快速发展，我国期刊出版开始向数字化方向转型，传统的期刊出版方式逐步被现代出版方式取代。信息技术的发展推动了期刊采编技术、制版及印刷技术、发行及阅读技术的重大变革，使期刊出版逐步向网络化、一体化方向发展。

### （一）期刊数字采编技术的形成及轨迹

期刊的传统投稿方式是通过邮局将稿件的手写稿邮寄给编辑部，编辑部也主要通过信函与作者、审稿者进行联系，费时费力。传统期刊出版技术条件下所有的编辑工作都是手工完成的。随着电子计算机技术的不断进步，人们开始使用电子计算机撰写文稿，形成电子版稿件，并利用软盘、光盘以电子文档的形式投稿。在网络信息技术环境下，网络电子邮件（E-mail）等现代通信技术逐步运用到远程投稿工作中，大大提升了信息交互能力和出版效率。

期刊稿件信息采集技术的发展轨迹为：传统期刊出版技术条件下通过邮局邮寄纸质稿件→电子技术条件下通过邮局邮寄以磁盘、软盘、光盘等为存储载体的电子版稿件→网络信息技术条件下通过 E-mail 远程投递电子版稿件（见表 3-2）。

传统的稿件编辑方式为纸质稿件上的手工编修，费时、费力，且效果有限。在电子技术条件下，稿件编辑过程的计算机信息处理代替了原有的手工操作，编辑已经“换笔”，全部工作只须操作键盘和鼠标就可完成。网络信息技术的应用实现了期刊采编流程的一体化与网络化。

期刊稿件编辑技术的发展轨迹为：传统期刊出版技术条件下的手写编辑→电子出版技术条件下的计算机直接编辑→网络信息技术条件下的采编流程的一体化与网络化（见表 4-2）。

**表 4-2 期刊采编技术的发展轨迹**

| 技术环境 | 稿件撰写方式 | 存储载体 | 稿件形式 | 主要投递形式 | 编辑方式 |
|---|---|---|---|---|---|
| 传统技术 | 手写编辑 | 纸张 | 纸质 | 邮局 | 手写编辑 |
| 电子技术 | 计算机编辑 | 软盘、光盘等 | 电子版 | 邮局 | 计算机直接编辑 |
| 网络信息技术 | 计算机编辑 | 网络 | 电子版 | E-mail 网上远程投稿 | 计算机直接编辑 |

### （二）期刊数字制版、印刷技术的形成及轨迹

中国是世界上最早发明活字印刷的国家，但在20世纪80年代，当一些发达国家的印刷业已经进入第三代阴极射线管式照排系统阶段时，我国仍在沿用铅字印刷，一直处在“铅与火”的印刷阶段，出版质量及效率低下。[1]“铅与火”印刷时代的主要标志是铅字排版、铅版印刷。1985年，华光Ⅱ型汉字激光照排系统投入生产性使用，标志着我国汉字数字化照排技术开始在出版领域应用，汉字数字化技术为中国期刊的数字制版、数字印刷的实现奠定了坚实的基础。随着电子信息技术的快速发展，计算机直接制版（CTP）技术和数字化直接印刷技术开始在出版领域得到应用，我国期刊出版的制版、印刷工作步入数字化时代。

期刊制版技术的发展轨迹为：期刊传统出版技术条件下的铅字排版→电子出版技术条件下的计算机直接制版（CTP）。

期刊印刷技术的发展轨迹有两条，第一条为传统出版技术条件下的铅字版印刷→计算机直接制版（CTP）技术条件下的有版印刷；第二条为传统出版技术条件下的铅字印刷→数字化直接印刷（如图4–4）。

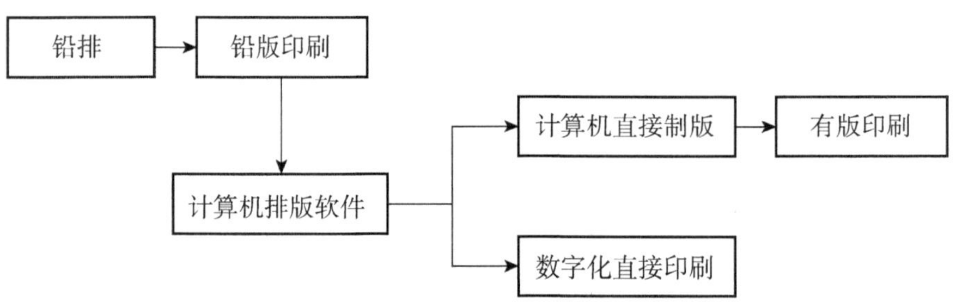


**图4–4 期刊制版及印刷技术的发展轨迹**

### （三）期刊数字发行及阅读技术的形成及轨迹

传统期刊是把文字、图片、公式等信息内容印刷在纸介质上，装订成册，由邮局发行，因此期刊阅读主要在纸介质上进行。电子计算机技术的

---

[1] 窦鑫磊．方正激光照排创新之路［J］．科技成果纵横，2005（3）．

出现，改变了信息的存储方式，磁、光等信息存储技术快速发展起来，磁带期刊、软盘期刊、光盘期刊等电子期刊出版方式开始出现，期刊的阅读方式也由纸介质转移到计算机上，通过计算机读取磁、光载体上的期刊信息实现阅读。随着现代电子信息及网络技术的发展，网络电子期刊应运而生，大量网上期刊出版平台开始出现，读者可以借助网络平台以下载或在线阅读的方式浏览期刊内容。

期刊发行技术的发展轨迹为：传统期刊出版技术条件下主要以邮局发行纸质期刊→电子技术条件下主要通过邮局发行以磁带、光盘、软盘等为存储载体的电子版期刊→网络信息技术条件下通过期刊网络发行平台发行网络电子期刊。

期刊阅读技术的发展轨迹为：传统期刊出版技术条件下的纸质期刊阅读→电子技术条件下通过计算机识别的以磁带、光盘、软盘等为存储载体的电子期刊阅读→网络信息技术条件下通过期刊网络发行平台以在线或下载方式进行的网络电子期刊的远程阅读（见表4–3）。

**表4–3　期刊发行及阅读技术的发展轨迹**

| 技术环境 | 存储载体 | 发行方式 | 阅读方式 |
| --- | --- | --- | --- |
| 传统出版技术 | 纸张 | 邮局 | 纸质阅读 |
| 电子出版技术 | 软盘、光盘等 | 邮局 | 计算机识别阅读 |
| 网络信息技术 | 网络 | 期刊网络发行平台 | 在线或下载远程阅读 |

# 第五章　中国期刊数字出版技术的创新与发展（2005 年至今）

2005 年以后，随着“文化产业大发展大繁荣”与“经济发展方式转变”等一系列政策的实施及推进，我国期刊数字出版产业发生了重大变革。IPV6 核心网的建立及移动 3G、4G 通信网络技术的应用，为我国期刊数字出版技术的发展奠定了更为坚实的基础，我国期刊数字出版技术进入了创新与快速发展的新阶段。

## 第一节　现代网络技术发展与文化产业大发展大繁荣

### 一、文化产业大发展大繁荣与期刊数字出版产业变革

当今世界，经济全球化、一体化进程不断加快，信息社会逐步形成。在经济全球化与一体化趋势的推动下，各国文化相互交融，国与国之间的界限日渐模糊，国家之间的竞争不仅体现在经济力、科技力和军事实力方面，更体现在文化力方面，其地位和作用日益凸显，已成为社会发展的强大动力和一国（或地区）综合国力的重要体现。2007 年 10 月，党的十七大报告提出“推动社会主义文化大发展大繁荣”的重大战略决策，我国文化产业开始进入一个全新的发展阶段。2009 年 7 月 22 日，国务院常务会议审议

并通过了我国第一部文化产业专项规划——《文化产业振兴规划》，标志着我国文化产业的发展问题已经被提升到了国家的战略层面。2011 年 10 月 18 日，中国共产党第十七届中央委员会第六次全体会议通过了《中共中央关于深化文化体制改革 推动社会主义文化大发展大繁荣若干重大问题的决定》，标志着文化产业大发展大繁荣战略进入了具体的实施时期。2012 年，《国家“十二五”时期文化改革发展规划纲要》指出，要“深入实施科技带动战略，推进文化科技创新”，促进文化产业的大发展大繁荣。[1]

党的十八大以来，以习近平同志为核心的党中央高度重视文化产业发展，健全现代文化产业体系和市场体系，创新生产经营机制，完善文化经济政策，培育新型文化业态，推动我国文化产业进入高速发展期。同时，数字技术的创新与发展主导着我国文化产业发展的走向，推动了文化产业转型升级，大大拓展了文化产业的发展空间。习近平总书记强调，“文化是一个国家、一个民族的灵魂。没有高度的文化自信，没有文化的繁荣兴盛，就没有中华民族伟大复兴”；“要坚定文化自信，推动社会主义文化繁荣兴盛”。[2] 科技创新成为推动新时代文化繁荣兴盛的主线，成为我国发展文化产业的主要途径。

在国家新闻出版署相继出台《关于进一步推进新闻出版体制改革的指导意见》《关于进一步推动新闻出版产业发展的指导意见》等一系列促进文化大发展大繁荣的体制改革指导文件之后，我国新闻出版单位转换了旧有的体制机制，新型市场主体脱颖而出，数字出版、网络出版、手机出版等新型出版业态得到快速发展，中国文化产业生产力和创造力进一步解放，传播力和影响力明显增强。在这一背景下，我国期刊数字出版产业发生了巨大变革，期刊出版业发展格局发生了重大变化，通过重塑市场主体，引入市场机制，实现了经营性期刊出版产品与市场、资本和受众的接轨，增强了技术创新及产业发展的活力，期刊的数字化产业业态基本形

---

[1] 国家“十二五”时期文化改革发展规划纲要［N］. 人民日报，2012-02-16.

[2] 习近平在中国共产党第十九次全国代表大会上的报告［EB/OL］.（2017-10-28）［2017-10-28］. http://cpc.people.com.cn/n1/2017/1028/c64094-29613660.html.

成，正在向在线期刊、开放存取、数据库等形态发展并逐步完善。以中国知网、万方数据、维普资讯、龙源期刊等为代表的数字期刊企业已经形成品牌效应，销售收入逐年增加。

## 二、现代网络技术发展与期刊数字出版技术创新

现代网络信息技术的迅猛发展和广泛应用，为期刊数字出版业的快速发展提供了便捷的传播手段及内容形态多样化的持久动力，为我国期刊数字出版业的技术创新奠定了坚实的基础。

2004 年 12 月底，我国第一个真正意义上的 IPV6 核心网建成，并于 2005 年投入使用，实现了我国互联网从 IPV4 到 IPV6 的跨越。[1] 这张可以覆盖全国 20 个城市及众多高等院校、科研机构的 IPV6 核心网，最快每秒的传输信息量可达 10G 字节，[2] 大大加快了网络传输速度。IPV6 核心网的建成为网络电子期刊的发展提供了有力的技术支撑。

2009 年 1 月 7 日，工信部为中国移动通信集团公司、中国电信集团公司和中国联合网络通信集团有限公司发放了 3 张第三代移动通信 3G 牌照。其中，中国联合网络通信集团有限公司拿到了全球使用范围最广的基于 W-CDMA 技术制式的 3G 业务经营许可，其终端最多，网络最成熟；中国电信集团公司拿到了建设成本最小的 CDMA2000 网络运营牌照，可从 CDMA 1X 平滑过渡到 CDMA2000 EV-DO，无须大规模建网；中国移动通信集团公司增加了基于 TD-SCDMA 技术制式的第三代移动通信 3G 业务经营许可，并可以采用“TD+CMMB”的绑定模式。[3] 移动通信 3G 牌照的发放，标志着我国数字出版迎来了移动互联网时代。2013 年 12 月 4 日，工

---

[1] 张翼南. IPV6 核心网开通，中国拉开下一代互联网建设帷幕［N］. 人民日报（海外版），2005-01-30.

[2] 2005 年网络通信业面临“颠覆”［EB/OL］.（2005-01-10）［2014-02-06］. http://www.chinabgao.com/freereports/4278.html.

[3] 孔丽频. 3G 牌照发放将促进中国电信市场均衡发展［N］. 中国改革报，2009-01-09.

信部正式向中国移动、中国电信、中国联通颁发了TD-LTE制式的4G牌照，标志着中国正式进入4G时代。2018年7月，工信部公布的《2018年上半年通信业经济运行情况》报告显示，我国4G用户总数达到11.1亿户，占移动电话用户的73.5%。[1]

IPV6核心网及3G、4G移动网络技术的发展极大地推动了中国期刊数字出版技术的创新。这一时期，在期刊稿件采编技术发展方面，期刊网络采编系统被广泛采用，一批期刊群采编平台得到了建设与发展，参考文献辅助编校系统及学术不端检测系统在期刊出版过程中得到了普遍应用。在期刊数字化发行与阅读技术方面，一些OA期刊在线发布平台得以建立，期刊实现了开放阅读、自由传播和资源共享；手机开始从单纯的通信工具转向了移动媒体终端，三网融合、三屏功能合一技术进一步深入，移动终端阅读技术得到快速发展；采用P2P技术并集合了动画、视频、音频、Web控件、3D技术和超级链接等多媒体技术的网络多媒体互动杂志在这一时期大量涌现；移动网络技术的应用及手机网民数量的增长催生了手机阅读市场的壮大，VIVA无线新媒体手机杂志等一批手机期刊出版平台迅速发展。同时，数字出版技术的发展推动了专业期刊平台运营模式的变迁，一些数字期刊出版平台先后采用了独家授权的数字出版模式，专业期刊平台呈现出市场分工逐步细化的态势；云计算技术的应用实现了期刊数字出版的全流程管理，已经成为我国期刊出版技术进一步发展的方向。

## 三、经济由高速增长向高质量发展转变与期刊数字出版技术升级

2007年10月，党的十七大报告提出了“转变经济发展方式”的重大战略，我国经济开始走上集约发展的道路。党的十八大以来，以习近平同志为核心的党中央高度重视经济的高质量发展，提出了一系列新思想新观

[1] 中华人民共和国工业和信息化部．我国4G用户总数达到11.1亿［EB/OL］.（2018-07-20）［2018-07-26］. http://finance.people.com.cn/n1/2018/0720/c1004-30160546.html.

点新论断。进而，习近平总书记在党的十九大报告中提出了推动经济发展质量变革、效率变革、动力变革的重大决策。

中国在过去 40 年里，GDP 平均增速在 9% 以上。2016 年，我国 GDP 达到 74 万亿元，中国经济体量居全球第二位，老百姓收入水平大幅提高，中国经济已经解决了“有没有”的问题。中国特色社会主义进入新时代，社会主要矛盾已经转化为人民日益增长的美好生活需要和不平衡不充分的发展之间的矛盾。习近平总书记指出，“以前我们要解决‘有没有’的问题，现在则要解决‘好不好’的问题”[1]。可以说，由高速增长阶段转向高质量发展阶段是新时代我国经济发展的基本特征。

经过多年的发展，我国文化产业已经成为促进经济发展的重要力量，在国民经济发展中占有越来越重要的地位，并成为国民经济的支柱产业之一。据国家统计局对全国规模以上文化及相关产业 6 万家企业调查，2018 年，上述企业实现营业收入 89257 亿元[2]，占 GDP 的比重进一步提升。科技创新在文化产业发展中发挥了极为重要的作用，并已经成为实现我国文化产业整体升级转型的重要突破口，对社会经济发展的拉动作用正逐渐增强。[3]加快转变文化产业的发展方式已经成为加快转变整个国民经济发展方式的重要推动力量。

文化乃国脉之本，创新乃国家兴衰之所在。党的十七大、十八大、十九大报告中均提出了要运用高新技术创新文化生产方式，发展新型文化业态，提高文化产业的规模化、集约化、专业化水平。科技进步与创新是文化产业发展的助推器，正与文化产业互促互进，成为推动文化大发展大繁荣的重要推动力量。期刊数字出版的科技进步与创新是推动经济高质量发展的重要支撑，同时，经济的高质量发展也推动了期刊数字出版产业的

---

❶ 习近平会见出席“2017 从都国际论坛”外方嘉宾［EB/OL］.（2017-11-30）［2017-11-30］. http://www.xinhuanet.com/politics/2017-11/30/c_1122039030.htm.

❷ 2018 年中国文化产业营收增 8.2%［EB/OL］.（2019-02-12）［2019-03-12］. http://www.xinhuanet.com//2019-02/12/c_1124101835.htm.

❸ 陈涛. 国内文化产业总产值去年突破 4 万亿［N］. 北京日报，2013-01-06.

技术升级。在网络技术、信息技术迅猛发展的技术条件下，期刊传播手段的数字化趋势日益明显。基于互联网、无线网络等信息传输渠道，并以手机、平板电脑等手持阅读终端为接收载体的全新的期刊数字出版形态，已经成为人们精神文化生活不可或缺的组成部分及文化信息传播的重要途径。在转变经济发展方式、提升经济发展质量的大背景下，运用高新技术推动期刊数字出版产业发展方式的转变，加快提高期刊的出版创新能力和传播能力，已经成为期刊数字出版业未来的发展趋势。

## 第二节　期刊采编技术的创新与发展

### 一、期刊网络采编系统的广泛使用

随着网络信息技术的普及，人们的阅读和思维习惯慢慢改变，传统的纸质媒介面临挑战，拥有一个高效、稳定的网上采编系统已成为提高期刊核心竞争力的途径之一。期刊网络采编系统借助于电子计算机和互联网技术，集组稿、收稿、审稿、编辑加工到发排各种功能于一身，实现了期刊出版流程的自动化、网络化、智能化及功能一体化，使期刊出版更加方便快捷。目前，期刊网络采编系统已经成为国际期刊采编技术发展的潮流和期刊采编工作新的发展方向，其办公自动化、网络化、功能一体化的功能正越来越被我国广大期刊编辑部所认可和接受。

期刊在线采编系统的开发和应用，改变了原来管理功能单一、信息量小、技术落后的稿件信息采编方式，它把不同载体、不同地理位置的信息资源以数字化的形式存储，以网络方式互相联结，从而提高了期刊的采编工作效率，最大化地实现了资源共享。

我国期刊网络采编技术的发展经历了三个阶段。第一阶段主要是编辑部静态信息发布网页的建立与应用阶段。在这一阶段，一些期刊编辑部建立了 Web 主页，并用以发布包括刊物介绍、联系方式、投稿方式、刊物订购公告等静态信息，Web 主页只作为作者了解编辑部的一种手段，本身并不具有采编功能，这是我国期刊网络采编技术的原始形态。第二阶段是期刊信息动态交互网站的建立与应用阶段。这一阶段期刊网站信息发布空间有了较大扩展，一些编辑部的 Web 主页上设置了与作者互动的模块，作者可在编辑部网站上与编辑在线交流，或直接在编辑部的 Web 主页上给编辑留言，了解稿件审理情况。第三阶段是期刊集成网络采编平台的建立与应用阶段。2005 年，中国第一个真正意义上的 IPV6 核心网建成，大大加快了网络传输速度，互联网技术、功能大幅提升，我国期刊采编技术开始由单一功能向多功能集成发展，逐步迈入网络互动采编阶段，期刊出版流程的自动化、网络化、智能化及功能一体化得以实现。

随着我国文化大发展大繁荣及转变经济发展方式战略的推进，文化市场日益繁荣，人们对文化信息产品的需求越来越大，技术创新对文化产业的驱动作用也越来越强。在这一背景下，许多商业软件公司开始涉足期刊采编领域，纷纷加大研发投入力度，进行多功能、集成化的期刊网络采编系统平台的研制与开发工作。与国外相比，虽然我国在期刊采编系统的技术研发方面的工作开展较晚，但还是推出了一系列集成性较高且功能较为完善的期刊网络采编系统。目前，玛格泰克（Magtech）稿件采编系统、三才期刊采编系统、勤云远程稿件处理系统是我国使用较多的期刊网络采编系统。这些产品虽存在很多相似之处，但也有各自的特点。

### （一）Magtech 期刊稿件采编系统

2000 年，Magtech 期刊稿件采编系统由北京玛格泰克科技发展有限公司研制成功。Magtech 期刊稿件采编系统集成了系统管理、主编办公系统、编辑办公系统、专家审稿系统、编委批稿系统和作者远程投稿 / 查稿系统等功能，是我国最早投入使用的期刊采编系统。目前，Magtech 稿件采编系统的技术较为成熟，功能较为完善，集成功能较多，在我国期刊网络采编领域占有重要地位，是我国期刊商业采编软件领域中专业化程度较高的期刊采编系统。由于其进入市场的时间相对较长，系统较为稳定，深受期刊编辑部的青睐，拥有较多用户。

（二）三才期刊采编系统

三才期刊采编系统由西安三才科技实业有限公司开发，最初其业务主要面对陕西省的高校学报编辑部，现已面向全国开展期刊稿件的采编系统服务。与目前市场上其他期刊采编系统相比，三才期刊采编系统在集成作者在线投稿 / 查稿、编辑在线办公、专家在线审稿、编辑部内部办公及文档管理和统计等功能的同时，还研发了 NoteFirst 参考文献辅助编校系统。使用三才期刊采编系统，编辑在参考文献编校过程中不用逐条查阅，大大降低了参考文献的编校强度，提高了稿件编校的准确性，在刊物质量的提升方面能够发挥积极作用。同时，三才期刊采编系统还具有较为直观的且富有人性化的操作界面，增加了编辑工作任务提醒功能，使得编辑可以明确工作安排，避免遗忘。

（三）勤云远程稿件处理系统

北京勤云发展科技有限公司于 2002 年开始研发、推广全网络版期刊办公软件“勤云远程稿件处理系统”，是国内用户较多的网络版期刊办公软件。北京勤云发展科技有限公司在行业内首次提出了无流程稿件处理理念，摆脱了软件内的设置流程对编辑办公的限制。2005 年，勤云远程稿件处理系统实现了产品版本化，能够为不同需求的用户提供合适的软件版本。勤云远程稿件处理系统是集成采编管理、远程投稿、远程审稿、网站管理、费用管理等编辑部日常编审稿件所需的所有功能的自动化系统，是为编辑部出版期刊提供一站式服务的电子出版系统，目前已在国内上百家知名期刊社得到良好应用。

## 二、期刊群采编平台的建设与发展

期刊网络采编系统的建立，虽然实现了期刊稿件采编工作的自动化、网络化、智能化及功能一体化等功能，使期刊采编效率大幅提升，但各期刊编辑部单打独斗的状况依旧没有改变，除少数大的知名期刊外，大多数期刊的知名度和影响力难以提升。在这一情况下，一些相关的期刊编辑部为了利用刊物发展的集群效应吸引更多的作者和读者，纷纷开始加入具有门户网站功能且协同性较强的期刊群采编平台。这种期刊群采编平台一般由网络运营商研制开发、维护和管理，各大合作期刊通过与网络运营商签订使用协议，加入期刊群采编平台以实现编辑部稿件的网络采编，期刊群采编平台的合作期刊用户拥有共享期刊全文数据资源的权利。由于期刊群采编平台的集群优势能够进一步提高合作刊物的影响力，同时还能使作者、读者的投稿和阅读更加方便快捷，为此得到期刊编辑部的认可。我国目前主要的合作共享型网络采编系统包括“行业期刊群采编平台”“网络期刊联盟办公平台”和“期刊协同采编平台”。

### （一）行业期刊群采编平台

北京玛格泰克科技发展有限公司开发了以期刊联盟网为基础的多刊协同的期刊数字化出版平台。该数字化平台与多刊协作的期刊联盟门户集群服务平台共同构成了期刊集群化数字出版网络服务平台，能够为期刊提供采编、网刊发布等技术支持（包括相似检索接口、元数据服务接口、参考文献检查与核对接口、审稿人智能推荐接口等服务）。期刊集群化数字出版网络服务平台能够实现数百个加盟期刊同时稳定在线办公，并能够在各加盟期刊的在线投稿、收稿、审稿、校对、编辑加工、数据统计、邮件服务等日常工作方面发挥较大的辅助作用，基本满足了作者、编辑、编委、审稿专家、主编、期刊管理者及加盟期刊编辑之间的协同工作和交互活动。目前，北京玛格泰克科技发展有限公司建立的期刊联盟门户集群服务平台包括材料期刊网、上海市科技期刊学会、中国科技期刊网、中国地理资源期刊网、中国复合材料网、中科院自然科学期刊编辑研究会、图书情报知识服务平台、化学研究集成服务平台、资源环境科学数字知识库、中国物理学会期刊网、上海医学期刊网等大型行业联盟期刊网。[1]

---

[1] 参见北京玛格泰克科技发展有限公司官网产品介绍。

### （二）网络期刊联盟办公平台

北京勤云发展科技有限公司于 2005 年率先提出了期刊互联互通的概念，并于 2006 年解决了内外网物理隔离的网络环境下软件运行的障碍及内外网完全隔离情况下保证内网和外网数据同步的问题。

该公司 2007 年开始研发"期刊界"搜索引擎，并于 2008 年公布了"期刊界"搜索引擎的测试版。"期刊界"是全球第一期刊垂直搜索平台，其目的是将分散在互联网上的期刊数据集中搜索，给用户提供轻松的文献查询体验。"期刊界"在提供搜索服务的同时，能够智能地为期刊编辑部办公系统推送信息，使期刊网站自动与全球期刊信息相链接，实现了被引文献的追踪、为审稿人推送相似文献等功能。"期刊界"的信息服务贯穿于收稿、稿件审理、发表文章的整个工作流程。目前，"期刊界"已经成为中国互联网位居前列的学术期刊搜索引擎与期刊信息化服务提供商。

2008 年，北京勤云发展科技有限公司整合了"期刊界"搜索引擎和勤云远程稿件处理系统，使前者功能进一步提升，不仅能够为期刊门户网站提供热链接，还能够追踪文章的被引情况，让期刊门户网站之间真正实现互联互通，终结了期刊门户网站的信息孤岛局面。同年，北京勤云发展科技有限公司依托其在搜索引擎和稿件处理系统技术方面的优势，开发了网络期刊联盟办公平台。该平台通过为各大期刊编辑部提供统一的采编系统（在平台内具有能够检测一稿多投现象的技术优势），大范围整合期刊资源，实现了各期刊之间的引文链接。

### （三）期刊协同采编系统

"腾云"期刊协同采编系统由同方知网（北京）技术有限公司开发，属于合作共享型系统，是以共享期刊用户的全文数据为目的的期刊采编平台。"腾云"期刊协同采编系统的合作对象是由中国学术期刊（光盘版）电子杂志社开发的《中国期刊全文数据库》的各大来源期刊，其集成了作者投稿系统、作者查稿系统、编辑办公系统、账号管理系统、专家审稿系统等功能，每家编辑部都可以根据自身的要求设置相应的流程，个性化特征明显。

与此同时，由于“腾云”期刊协同采编系统使用的是存放在中国知网平台上的一种期刊主页，其结构采用模板方式设计，因此，加入“腾云”期刊协同采编系统的各期刊页面基本一致，风格类似且较为单调，基本不具备作为期刊门户网站的功能，这导致其市场份额很少。2012 年年末，“腾云”期刊协同采编系统 3.0 版正式上线，其对原系统进行了大规模改进，实现了八大功能提升，比如，更加注重用户体验；机器代替人工实现辅助审校；一键数字出版，多渠道选择；增加文章目次定向群发，提高数字出版文献的受关注度；等等。系统升级后，“腾云”期刊协同采编系统的用户数量有了大幅度增加。目前，“腾云”期刊协同采编系统已更新至 9.0 版。

## 三、参考文献辅助编校系统的开发与应用

参考文献校对是期刊出版工作的重要组成部分，编校的准确性关乎期刊出版质量。在传统的期刊出版工作中，参考文献只能依靠人工校对，费时耗力，且准确性低。近年来，为了解决期刊出版过程中参考文献编校准确性低的问题，国外一些软件公司开始研发参考文献编校软件。国际上知名的参考文献编校软件包括 EndNote、Reference Mendeley、ProCite 等。2010 年，西安三才科技实业有限公司自主开发了国内首款网络版 NoteFirst 参考文献辅助编校系统。

NoteFirst 参考文献辅助编校系统可以自动修改作者稿件中参考文献的大小写、标点、次序、缩写等格式错误，还可到 Pubmed、Web of knowledege 等权威数据库自动进行数据比对，自动修改参考文献中的数据错误。编辑无须在数据库逐条验证数据的准确性，大大减轻了参考文献编校的劳动强度。该系统使用简单，一键即可操作，直接通过 Word 修订方式对文稿进行修改，不会改变编辑的工作习惯，大大提高了编辑的工作效率和编校质量。

## 四、学术不端检测系统的普遍应用

1992 年，美国国家科学院、国家工程院和国家医学研究院组成的 22 位科学家小组将学术不端行为定义为“在申请课题、实施研究报告结果的过程中出现的捏造、篡改、剽窃、伪造或抄袭行为”，这是目前已知的关于学术不端行为的最早定义。[1]在期刊出版过程中的抄袭、剽窃、一稿多投、一稿多发、不当署名等学术不端行为时有发生，期刊编辑部难以防范。如何最大限度地降低学术不端稿件的发表数量，从根本上杜绝学术不端行为是提高学术期刊质量和声誉的关键所在。

在传统的期刊出版技术条件下，编辑人员仅能依靠经验判断学术不端行为，准确率极低，对学术不端行为的抑制作用极为有限。而在网络信息技术高度发达的情况下，期刊、报纸、会议论文集、硕博论文等数据库相继建立，重复率或相似度检测的技术日趋成熟，这就为学术不端检测系统的研制提供了更为便利的条件，使期刊在出版过程中对学术不端的检测成为可能。

国外对学术不端检测系统的研究较早，相关检测软件也较为成熟。目前，国外具有代表性的学术不端检测系统主要有：Turnitin（全球最权威的英文检测系统）、CrossCheck、Safeassign，等等。近年来，我国一些软件开发单位陆续发布了各种类型的学术不端检测系统。目前，具有代表性的主要有 CNKI 学术不端检测系统、万方论文相似性检测系统和维普—通达论文引用检测系统三种（详细功能比较见表 5-1）。

### （一）CNKI 学术不端检测系统

CNKI 学术不端检测系统由中国知网于 2008 年研制成功，推出了“社科期刊学术不端文献检测系统（SMLC）”和“科技期刊学术不端文献检测系统（AMLC）”。

2006 年，中国知网开始了对“科技期刊学术不端文献检测系统

[1] 苏州．关于学术不端行为的几点思考［N］．光明日报，2009-10-27.

（AMLC）”和“社科期刊学术不端文献检测系统（SMLC）”的研发工作。2008年12月，AMLC和SMLC正式上线，并达到大规模实用化的成熟程度，开始为期刊编辑部免费提供学术不端文献检测服务。

CNKI学术不端检测系统以《中国知识资源总库》为全文比对数据库，包括学术期刊网络出版总库、中国重要会议论文全文数据库、中国重要报纸全文数据库、中国博士学位论文全文数据库、中国优秀硕士学位论文全文数据库、中国专利全文数据库、英文数据库（涵盖期刊、博硕、会议的英文数据及德国Springer期刊数据库、英国Taylor & Francis期刊数据库等）、优先出版文献库、港澳台学术文献库、互联网文档等资源。系统的检测时间范围为1900年1月1日至今。CNKI学术不端检测系统支持的文献格式较多，包括PDF、CAJ、DOC、TXT格式的文件及包括上述格式文件的压缩包，一般在1~2分钟之内即可完成对一篇学术论文的检测工作，方便快捷。[1]在论文相似度检测报告中包括“总文字复制比”“去除引用文献复制比”“去除本人已发表文献复制比”和“单篇最大文献复制比”等指标，检测“相似”部分的字体呈现红色，“引用”部分的字体呈现黄色。

（二）万方论文相似性检测系统

万方数据是目前国内第二大数据集成商。2010年3月，万方数据推出了万方论文相似性检测系统，其采用滑动窗口的低频特征部分匹配算法，通过批量检测简化技术、检测报告快速生成技术、检测结果自动统计技术等多项现代化技术进行检测，筛选条件灵活，具有支持批量检测、检测速度快、检测准确率高等特点。目前，其检测范围涵盖中国学术期刊数据库（CSPD）、中国学位论文全文数据库（CDDB）、中国学术会议论文数据库（CCPD）和中国学术网页数据库（CSWD）。此外，万方论文相似性检测系统支持PDF、Word、TXT、RTF等多种格式的文件，应用广泛。[2]

---

❶ 根据CNKI官网相关内容整理。

❷ 根据万方数据官网相关内容整理。

### （三）维普—通达论文引用检测系统

“维普—通达论文引用检测系统”是由国内第三大数据集成商重庆维普资讯与通达恒远（北京）信息技术有限公司共同研制开发成功的。维普—通达论文引用检测系统采用国际领先的海量论文动态语义跨域识别加指纹比对技术，使其与空间向量模型相结合，能够对论文的有效片段进行筛取、识别、检测，具有已发表文献检测、论文检测、自建比对库管理等多项功能，可准确高效地检测出论文中存在的不当引用、过度引用，甚至是剽窃、抄袭、伪造、篡改等痕迹，显示出引用率、复写率和自写率等指标。详细的检测报告通过标红相似文档与饼状图，形象直观地显示相似内容比对、相似文献汇总、引用片段出处、总相似比、引用率、复写率和自写率等重要指标，能够为教育机构、科研单位、各级论文评审单位提供论文原创性和新颖性客观评价的重要依据。

维普—通达论文引用检测系统的检测范围包括：论文库、中文期刊库（涵盖中国期刊论文网络数据库、中文科技期刊数据库、中文重要学术期刊库、中国重要社科期刊库、中国重要文科期刊库、中国中文报刊报纸数据库等）、Tonda 论文库（涵盖中国学位论文数据库、中国优秀硕博论文数据库）、部分高校特色论文库（部分高校共享的论文资源）、自建特色论文库（检测系统使用单位自主拥有的论文资源）、重要外文期刊数据库（如 Emerald、HeinOnline、JSTOR 等）及互联网数据资源。维普—通达论文引用检测系统支持 TXT 格式的文件。❶

目前，我国的学术不端检测系统虽都有各自不同的软件算法，但在功能、形式及支持的文件类型等方面大同小异，只是由于后台检测范围涵盖核心数据库的不同造成了最终检测结果的差异（见表 4-1）。可以说，学术不端检测系统强大与否的关键在于其后台比对数据库收录文献的状况。后台比对数据库收录文献越多越全，其学术不端检测系统的检测结果就越准确。

❶ 根据维普官网相关内容整理。

表 5-1 我国主要学术不端检测系统的功能比较

| 检测系统名称 | 主要数据对比库 | 主要技术特点 | 主要功能特点 | 是否支持个人使用 | 上线时间 |
|---|---|---|---|---|---|
| CNKI 学术不端检测系统 | 中国学术文献网络出版总库 | 支持 CAJ、DOC、PDF、TXT 文件，并支持批量上传模式 | 检测速度快，准确率高，抗干扰性强 | 否 | 2008 年 12 月 |
| 万方论文相似性检测系统 | CSPD、CDDB、CCPD、CSWD | 支持 PDF、Word、TXT、RTF 文件 | 算法精确科学，报告翔实全面 | 是 | 2010 年 3 月 |
| 维普—通达论文引用检测系统 | 维普专业数据库；用户自建库；Tonda 共享数据库；Web 资源 | 支持 TXT 文件 | 具有客观的内容创新性检测指标 | 是 | 2010 年 9 月 |

# 第三节 期刊发行技术的进步

## 一、OA 期刊在线发布平台的建立

“开放存取”一词译自“Open Access”（OA），国内学者通常将其翻译为开放存取、开放共享、开放获取、开放访问、公开获取、开放阅览等，意指某文献可在因特网公共领域里的免费获取。2001 年 12 月，由慈善家 George Soros 创建的基金网络——开放社会研究所（Open Society Institute）在匈牙利的布达佩斯召集了一次有关开放存取的国际研讨会，专门讨论有关开放存取的相关问题。在这次研讨会上，开放社会研究所等机构提出了“布达佩斯开放存取计划”（BOAI）（一些人将其称为“布达佩斯开放存取倡议”），成为世界开放存取技术发展的里程碑。“开放存取”是国际科技界、学术界、出版界、图书馆界、信息传播界为推动科研成果利用网络自由传播而发起的运动，是不同于传统学术传播的一种全新的传播机制，意义深远。

“布达佩斯开放存取计划”首次提出了开放存取的完整定义。该定义包括以下几个方面的内容。第一，免费获取。对某文献而言，“开放存取”即意味着它在因特网上可以被任何读者免费获取，并允许任何用户阅读、下载、复制、传递、打印、搜索、超链该文献，也允许用户为之建立索引，用作软件的输入数据或其他任何合法用途。第二，保持文献的完整性。用户在使用该文献时不受其财力、法律或技术的限制，只需在存取时保持文献的完整性。也就是说，版权的唯一作用是使作者有权控制其作品的完整性，以及作品被正确接受和引用。[1] 免费获取和保持文献的完整性是开放存取最基本的特征，其核心是在尊重作者权益的前提下，在任何时间、任何地点都能够借助互联网为任何用户免费提供完整的学术信息及研究成果的全文服务。

近年来，为了促进科学信息的广泛传播及提升科学研究成果的公共利用程度，国际上召开了一系列关于开放存取的学术会议，“开放存取”表现出了蓬勃的生命力，正被越来越多的人认可和接受。2003 年 12 月，时任中国科学院院长的路甬祥院士代表中国科学家签署了《柏林宣言》，倡导全球科学家共享世界科技成果及网络信息资源。2004 年 5 月，路甬祥教授与中国国家自然科学基金委员会原主任陈宜瑜院士代表中国科学院和中国国家自然科学基金会签署了《柏林宣言》，我国开始从官方层面支持“开放存取”运动，倡导学术信息资源的免费共享。2005 年 6 月，中国科学院在北京举办了我国在开放存取领域的第一次研讨会——“科学信息开放获取战略与政策国际研讨会”，标志着我国对开放存取期刊的探讨已经

[1] The Declaration of the Budapest Open Access Initiative［EB/OL］.（2008-04-12）［2014-06-11］. http://www.soros.org/openaccess/read.

从“做”还是“不做”转向了应该“怎么做”。❶

开放存取期刊（OA 期刊，即 OAJ）是“布达佩斯开放存取计划”中提出的实现开放存取的两种途径之一。❷根据“布达佩斯开放存取计划”的定义，开放存取期刊是指那些可以在公共网络上免费获取的，并且允许用户进行阅读、下载、复制、分发、打印、检索链接到全文、用于编制索引、作为软件数据使用或者其他合法目的，除需要上网之外，没有其他经济、法律及技术障碍的期刊。进行分发和复制时的唯一限制和规定是允许文章作者对其作品的完整性以及署名权和引用权进行控制。❸开放存取期刊与传统的以订阅为基础的（非开放存取）期刊不同，学术信息的免费获取与否是开放存取期刊和非开放存取期刊的主要差异。在开放存取模式下，研究机构或研究基金委需要负责支付学术信息传播的费用。目前，从国际开放存取期刊出版市场来看，较知名的大型开放存取期刊平台有英国 BMC 出版集团的 BMC 开放平台、瑞典大学图书馆的 DOAJ、印度信息公司开发的 Open J-Gate、巴西的科技在线图书馆 SciELO 等。

近年来，我国相继建立了一批开放存取期刊平台，其中具有代表性的有 Socolar 平台（全球最大的 Open Access 学术资源专业服务平台，由中国教育图书进出口公司开发）、中国科技论文在线平台（中国首家官方在线发表科技论文的公益性平台，由国家教育部科技发展中心主办）和中国科学院科技期刊开放获取平台（由中国科学院和科学出版社主办），这三大平台均属于为社会提供免费公共服务的非营利性开放存取期刊平台，主要为用户提供 OA 期刊的资源检索和全文链接服务，影响力较大。

开放存取期刊平台主要包括 OAJ 资源链接平台、OAJ 非首发集成平台、OAJ 首发集成平台、OAJ 出版平台四种类型。我国的 Socolar 开放存取

❶ 冯蓓，许洁．我国开放存取期刊平台的发展思路与对策［J］．中国科技期刊研究，2010（4）.

❷“布达佩斯开放存取计划”提出了实现开放存取的两种途径：一是自行存档（Self-Archiving），即建立开放存取仓储；二是创办开放存取期刊。

❸ The Declaration of the Budapest Open Access Initiative［EB/OL］.（2008-04-12）［2014-06-11］. http:www.soros.org/ openaccess/read.shtm.

平台属于 OAJ 资源链接平台，中国科技论文在线和中国科学院科技期刊开放获取平台属于 OAJ 非首发集成平台。截至 2019 年 3 月末，Socolar 开放存取平台中的 OA 期刊数目为 11739 种，包含文章 13503317 篇；中国科技论文在线的期刊论文总数为 1299534 篇，首发论文数为 98711 篇；中国科学院科技期刊开放获取平台收录的期刊数量为 660 种，可检索论文的期刊数量为 340 种，论文数量为 1420414 篇。[1] 虽然我国期刊的开放存取运动开展较早，但与国际其他国家相比，还处于初级发展阶段。2011 年，国际上的开放获取期刊有 7115 种，其中美国有 1732 种，韩国为 37 种，中国仅有 33 种。[2] 到 2012 年 3 月，由中国高校自然科学学报研究会发起的开放阅读期刊联盟的规模仍然较小且运营不成熟，其中仅收录了 41 种开放存取期刊。[3]2013 年，“开放存取期刊名录”（DOAJ）收录的开放存储期刊数量为 9977 种，其中美国为 1381 种，巴西为 922 种，印度为 628 种，英国为 623 种，德国为 339 种，韩国为 55 种，而我国仅有 50 种，排名第 36 位。[4] 据陈雨杏、黄丽红基于《中文社会科学引文索引（2014—2015）》目录对国内哲学社会科学核心期刊开放存取状况的调查，截至 2015 年 6 月，《中文社会科学引文索引（2014—2015）》目录中 62.48% 的哲学社会科学核心期刊实现了开放存取。[5] 余倩于 2017 年 6 月 16 日至 2017 年 7 月 31 日对 1320 种中国人文社会科学期刊进行了调查，发现有 524 种期刊实现

---

❶ 以上数据来源于 Sosolar 平台、中国科技论文在线及中国科技期刊开放获取平台官网。

❷ 初景利. 我国科技期刊开放获取出版的路径选择［EB/OL］.（2011-10-18）［2014-06-12］. http://cq.qq.com/a/20111018/000356.htm.

❸ 陈蔚丽，陈如好. 国内外三大开放存取期刊资源整合平台的比较分析［J］. 图书馆学研究，2013（1）.

❹ 杨丹丹，朱静雯. 开放存取期刊发展及其对我国社科类学术期刊发展的启示［J］. 出版科学，2013（6）.

❺ 陈雨杏，黄丽红. 国内哲学社会科学核心期刊开放存取的现状调查——基于《中文社会科学引文索引（2014—2015 年）》的实证研究［J］. 图书馆研究，2016（4）.

了开放存取，占比为 39.7%。[1]

目前，我国在期刊开放存取方面取得了一定进展，但在支持开放存取方面还没有明确的国家政策，缺乏政府管理部门的规划指导和协调，各机构基本都是自谋发展，发展水平参差不齐，整体水平不高。与发达国家相比，甚至与印度相比，我国在开放存取方面还处于落后状态。[2]

## 二、期刊“优先数字出版”发行技术的应用

在“优先数字出版”技术应用之前，纸质期刊是先于期刊网络平台出版的，即先出版纸质期刊，后出版纸质期刊的数字版。纸质期刊出版周期较长，在科技发展和信息传播速度越来越快的背景下，其越来越不适应作者和读者对成果发表时效性的要求。“优先数字出版”技术的应用改变了原有的出版模式，在纸质期刊出版之前，其电子版可以优先在互联网平台上出版。期刊的“优先数字出版”以印刷版期刊的录用稿件或经编辑加工后的稿件为出版内容，编辑部通过期刊网络出版平台可随时上传。“优先数字出版”在保障论文高质量的同时，大大缩短了出版时间，时效性增强，扩大了论文的影响力和传播面。早在 1998 年，“优先数字出版”模式就开始在德国的施普林格出版公司得到应用。目前，“优先数字出版”这一新兴的出版模式已经成为国际学术期刊的出版趋势，国际上许多著名学术期刊和出版商都涉足了优先出版业务，如世界顶级科技学术杂志《Elsevier》创办的 In Press、《Nature》创办的 AOP、《Science》创办的 Express 等。

目前，学术期刊的优先数字出版在我国还处于起步阶段。2010 年 8 月 10 日，依托中国知识基础设施工程及世界上最大的全文信息数据库的支撑，中国知网在国内率先启动了“中国知网学术期刊优先数字化出版平

---

[1] 余倩. 中国人文社会科学期刊开放存取现状研究［J］. 图书馆学研究，2018（14）.

[2] 刘阜源. 国外开放存取学术期刊市场发展态势分析［J］. 数字图书馆论坛，2018（9）.

台”，大大提高了我国期刊编辑部向数字出版转型的效率，并开始在全国范围内推广。[1]

在中国知网学术期刊优先数字化出版平台上，优先数字出版期刊的名称与印刷版期刊完全相同。编辑部需与中国知网签订“中国知网优先数字出版授权书”方可加入优先数字出版平台。优先出版平台可支持 DOC、DOCX、PDF、PS（方正排版文件）格式的文件（或上述格式的压缩文件）。期刊编辑部决定录用或经编辑加工后定稿的文章都可以在印刷前在学术期刊优先数字化出版平台上出版。

“优先数字出版”有三种方式，即单篇录用稿出版、单篇定稿出版和整刊定稿出版。单篇录用稿出版是指编辑部将正式录用但未经编辑加工的稿件在期刊优先数字化出版平台上进行的出版活动，由中国知网赋予其出版日期和网址，并永久保存出版记录。在期刊优先数字出版活动中，单篇录用稿出版方式的时滞最短，编辑部收稿后即可实现优先出版，但因其没有经过专业的编辑加工过程，论文编校技术层面的质量难以保障。单篇定稿出版是指期刊编辑部将已经录用并经过编辑加工后即将付印的定稿稿件在期刊优先数字出版平台上出版的活动，上传稿件须与印刷版的出版年份和卷期号相同。由于以单篇定稿出版方式上传的文件是经过编辑加工后的稿件，其出版速度相对较慢，但论文质量较单篇录用稿方式有了大幅提升。整刊定稿出版是指期刊编辑部将经过编辑加工后即将付印的整本期刊的电子版在期刊优先数字出版平台上出版的活动。与单篇录用稿出版和单篇定稿出版方式相比，整刊定稿出版方式的出版周期最长，论文质量最优。

与原来的出版方式相比，中国知网优先数字出版具有一定的技术优势。第一，优先数字出版使文献的传播速度加快，缩短了科研成果发表的时滞，在科研成果尽快转化为现实生产力方面能够发挥积极作用；第二，出版方式灵活，可以单篇出版，也可以整期出版，满足了不同期刊编辑部（杂志社）

---

[1] 许花桃. 综合性科技核心期刊有线数字出版现状与分析［J］. 编辑学报，2012（4）.

的个性化需求；第三，传播范围广泛，可覆盖中国知网的相关数据库，国内外读者都可同步检索到最新上传的科研成果。中国知网优先数字出版的这些技术优势，实现了作者、期刊编辑部、读者的三赢。对作者而言，其研究成果的首发权通过优先数字出版能够得到最及时的确认，意味着作者的合法权益能够得到有效保障；对期刊编辑部（杂志社）而言，由于出版时滞缩短，在短时间内即可推出更多全新的科研成果，这样一方面能够不断地吸引优秀作者投稿，另一方面还能够吸引高质量的读者群，实现期刊知名度和影响力的提升；对于读者而言，在短时间内接触到更多最新的科研成果，有助于其快速、及时了解学术前沿与最新科研动态等。从一定意义上说，期刊的优先数字出版契合了国家推进知识创新的战略需要，对于推动国家科技创新体系的建设及创新驱动战略的实施都具有极为重要的现实意义。

在“优先数字出版”的基础上，2017 年，中国知网开通了“网络首发”[1] 功能，进一步缩短了出版时间，提升了出版效率。

## 三、期刊手机出版发行技术的兴起

“媒介在发展历程中，总会应着环境的变化不断更新、进化自己。”[2] 随着 3G、4G 移动通信网络技术的广泛应用，手机无线上网成为可能，这为手机出版形成全媒体平台提供了技术可能，被称为“第五媒体”的手机开始从单纯的通信工具转向移动媒体终端。三网融合、三屏功能合一技术的深入使手机出版业态快速发展，手机出版成为传统数字出版向智能数字出版转变的重要标志。近年来，手机出版在我国数字出版领域迅速兴起，并逐渐发展壮大。2011 年 4 月 20 日，新闻出版总署公布了《新闻出版业“十二五”时期发展规划》，提出了“十二五”时期我国新闻出版业发展的

❶ 网络首发，即稿件一经编辑部录用和审定，无需确定其后在纸质刊物出版的时间和页码，只需通过电子杂志社审核，即可以网络首发方式正式出版。与优先出版相比，网络首发速度更快。

❷ 周冯灿．IPad 与新闻阅读方式的变革及其影响：一种消费主义的视角［J］．东南传播，2011（6）．

具体目标、重点和配套政策，明确提出要鼓励和支持新闻出版企业发展以网络出版、手机出版为主要代表的数字出版等新兴业态。2017 年，国家新闻出版广电总局发布了《新闻出版广播影视“十三五”发展规划》，进一步强调要大力发展以网络出版、手机出版为主要代表的数字出版新兴业态，促进了包括手机出版在内的我国新闻出版业的发展。

3G 产品作为中国通信产业中的一个新生事物，经过 2009 年年初的牌照发放与大规模的网络建设后，开始在我国通信产业中扮演越来越重要的角色。随着 3G 技术的应用，我国手机网民数量开始大幅增加。中国互联网络信息中心（CNNIC）于 2006 年 1 月 17 日发布的第 17 次《中国互联网络发展状况统计报告》显示，当时我国已有 1.11 亿互联网网民，但这其中几乎全部是电脑网民，用手机上网的用户数量极少，手机上网业务仍处于初步发展阶段。至 2012 年，我国互联网网民已达 5.64 亿人，其中手机网民从 2006 年的 0.17 亿上升到 2012 年的 4.2 亿人，用户数量已经远远超过电脑网民。同时，手机网民占整个互联网网民的比重大幅增长（由 2006 年的 12.41% 增长到 2012 年的 74.47%），而电脑网民占整个互联网网民的比重则大幅下降（由 2006 年的 87.59% 下降至 25.53%）。至 2013 年 12 月，我国网民总数为 6.18 亿人，手机网民数量达到 5 亿人，占比已经超过了 80.9%，手机上网已经成为一种潮流。[1] 特别是 4G 技术的应用，使手机上网速度进一步提升，移动阅读更加便捷。2018 年 8 月 20 日，中国互联网络信息中心发布的第 42 次《中国互联网络发展状况统计报告》显示，截至 2018 年 6 月，中国网民规模达到 8.02 亿人，互联网普及率为 57.7%；手机网民规模达到 7.88 亿人，占网民数量的比重高达 98.3%。[2]

3G、4G 技术的应用及手机网民数量的增长催生了手机阅读市场的发展壮大。中国知网等数字期刊平台纷纷发布了手机客户端。龙源期刊网与中国网通、中国移动、四川电信、山西联通等多家国家级和省级通信运营商合作开

---

❶ 参见中国互联网信息中心官网内容。

❷ 2018 年上半年中国互联网络发展数据分析：网民规模超 8 亿人［EB/OL］.（2018-11-12）［2018-11-24］. http://www.askci.com/news/chanye/20181112/1516251136449.shtml.

展了数字期刊及手机杂志频道等多项业务，并在此基础上独立开发了 iPhone、Android 版手机杂志，吸引了较多用户，其期刊手机出版、原创手机杂志等促进了个人读者市场的稳步增长。同时，一批期刊手机出版平台纷纷建立，如 VIVA 无线新媒体手机杂志、Fliboard 中国版、ZAKER、网易云阅读、Google Play 杂志、Google 潮流同步、Fliboard、Zinio、ZOCM 杂志、杂志苑等。期刊的手机出版业态进入快速发展时期。

## 四、网络多媒体杂志大量涌现

多媒体通信技术的发展，给网络媒体的发展带来了广阔的平台。在多媒体技术的支持下，网络多媒体杂志迅速发展，成为流行的网络传播载体。网络多媒体杂志是电子杂志的一种，没有任何印刷版的原型，是创办者以网络传播技术为基础创办的完全脱离纸质媒体的网络电子杂志，是不同于传统期刊数字出版的一种全新的期刊数字出版方式。其不仅具有传统纸质杂志的一切功能，还拥有汇集现代信息技术的新特征。网络多媒体杂志采用先进的 P2P 技术，具有高速的资讯传播能力，其集动画、视频、音频、3D 技术为一身，并提供了互动接口，方便读者之间及与信息提供商的交流。网络多媒体杂志具有多种多样的阅读模式，可在线或离线阅读，也可下载到相关终端上进行阅读，满足了用户对杂志阅读的个性化需求。[1]网络多媒体杂志具有精美的高清晰度图片、动人的背景音乐、令人兴奋的视频及杂志化的页面安排，表现形式丰富，使期刊变得更加生动、有趣。相对于传统期刊及其数字出版而言，网络多媒体杂志的核心技术特点是其集合了所有“动”的元素，将安静的文字通过技术变成美丽的影画，给人既能看、又能听的全新感官感受。

20 世纪 90 年代末期，我国多媒体电子杂志的发展刚刚起步。索易网于 1997 年 3 月开始发行电子杂志，并进行了《中国家电市场情报》和《每日新闻》的收费阅读业务，开创了我国电子杂志收费发行的先河，但由于管理

[1] 网络杂志：好风凭借力 送我上青云［EB/OL］.（2013-12-11）［2014-02-06］. http://media.people.com.cn/GB/40699/4349382.html.

不善，致使其运营成本过高、资金链断裂而失败。1999 年 1 月，博大公司建立了我国最早的电子杂志发行平台，一时间电子杂志的数量和订阅者数量激增，但终因市场规模和盈利模式的不成熟而成为中国电子杂志行业的“冲锋者”和“献身者”。当时，开展多媒体电子杂志发行业务的还包括希网、“燃情岁月”等，这些都是我国多媒体电子杂志发展的先驱。

2002 年，Xplus（智通）与中央广播电台合作开发了艺术类多媒体网络杂志《风格癖》，成为我国网络多媒体杂志技术发展的里程碑，从此我国网络多媒体杂志进入全新的发展时期。以现代艺术类网络电子杂志《风格癖》的出版为标志，我国新型网络多媒体电子杂志开始出现，其技术逐步趋于成熟，使多媒体形式真正成了网络杂志的核心。[1]

2005 年，南方报业集团推出了《物志 Zine》，开始涉足网络多媒体杂志领域。与传统期刊及其数字版不同，网络多媒体杂志是一种新型的连续电子出版物，具有视觉冲击力强、发送方式简单、运营成本低、符合当今提倡的环保主流、受众群体广泛等优势，自问世之初就受到广泛关注。自《物志 Zine》出版之后，我国一些传统媒体互联网企业纷纷涉足网络多媒体杂志市场，开展传统媒体的网络电子杂志的出版业务，这标志着我国进入了传统媒体自办网络电子杂志的阶段。

网络多媒体杂志的核心理念是参与性[2]，相较于互联网“Web1.0”技术，互联网“Web2.0”更强调“参与性”[3]，强调读者与编者之间的互动和

---

[1] 国内多媒体网络互动杂志大致经历了三代：第一代是 20 世纪 90 年代出现的传统杂志发布在网络上的数字版，即传统杂志的简单数字化，把杂志内容复制到光盘、软盘，再发布在网络上；第二代是在互联网上将信息定期以邮件列表（Mailing-list）的形式发布的网络杂志，即“邮件杂志”，其有基本的栏目架构；第三代就是利用 P2P（点对点）平台发送、以 flash 技术为主要载体制作的多媒体网络杂志，其内容独立制作，有全新构建的发行渠道，体验更为全面、立体。

[2] 提姆·奥莱理，玄伟剑．什么是 Web2.0［J］．互联网周刊，2005（40）.

[3] Web2.0 是相对 Web1.0 的新的一类互联网应用的统称。Web1.0 的主要特点在于用户通过浏览器获取信息；Web2.0 则更注重用户的交互作用，用户既是网站内容的浏览者，也是网站内容的制造者。

交流。Web2.0 的本质就是利用集体的智慧，通过互联网这个平台将大家的想法集合起来，共同就一个大家感兴趣的问题来进行讨论和研究，同时也可以将这一服务看作是网络本身特质的延伸。网络杂志与网络新理念的碰撞，制造了当今的网络多媒体互动杂志，网络多媒体互动杂志运用 Web2.0 理念，开始了一种全新的发展模式和轨迹。[1]

2005 年以来，随着互联网 Web2.0 技术的发展，网络多媒体互动电子杂志开始进入高速发展时期，网络多媒体互动期刊发行平台逐渐增多，发展速度逐步加快，大批传统杂志媒体开始了网络多媒体改革。

网络多媒体杂志规模的扩大直接推动了网络多媒体杂志发行互动平台下载“门户”的诞生。目前，国内具有代表性的网络多媒体杂志发行互动平台主要有 XPLUS 电子杂志（中国最大的电子杂志在线阅读基地）、ZCOM 电子杂志（全球最大的电子杂志平台、中国最大的中文电子杂志平台）、POCO 电子杂志、摩得互动公司、MAGBOX、IEBOOK、VIKA、万众传媒、杂志中国等。我国网络多媒体杂志的经营模式多为免费发放（只有为数不多的几家实行有偿收费下载，如《Wo 男人志》《Me 爱美丽》等），盈利模式以广告为主。

与传统期刊内容和广告必须捆绑在一起的广告业务手段不同，网络多媒体杂志广告和内容的动态化搭配模式，实现了广告和内容的分离。广告商与网络多媒体杂志合作时，既可按版面购买，也可按广告被打开的次数付费，有时甚至可以将广告本身以网络多媒体杂志的形式通过网络平台进行发行，使广告效应得到大幅提升。同时，期刊编辑部还可以自主经营广告，以广告被读者打开的次数为依据，付费给网络平台。除此之外，网络多媒体互动杂志发行平台还可以通过自己的统计系统，收集、整理用户的信息，从而建立自己的数据库，向第三方提供服务，以实现业务的增值。

---

[1] 网络多媒体杂志：应用与发展［EB/OL］.（2013-06-27）［2014-02-06］. http://www.chinaz.com/news/2008/0414/26747_3.shtml.

## 第四节　期刊阅读技术的革新

### 一、移动网络技术与期刊移动终端阅读

媒介形态的变迁推动着阅读行为的嬗变。随着信息技术的快速发展和 3G、4G 网络的逐步普及，阅读媒介与接收终端发生了显著变化，移动终端阅读逐渐成为一种趋势。在这种情况下，人们越来越习惯于把移动网络作为获取信息的渠道，手机阅读越来越成为一种潮流。所谓移动阅读，是指以手机或专用手持阅读器作为承载终端，以 WAP 或软件客户端下载的方式实现图书、报纸、杂志等电子资源的在线和离线阅读的一种阅读方式，其具有易传播性、便携性、易获得性和跨越性等特点。[1]现在，在公交、地铁、车站、机场、饭店等公共场所，随处可见人们通过手机、平板电脑等移动网络设备进行阅读。目前，主要的移动网络阅读设备有智能手机、平板电脑等，这些设备具有可移动阅读、数据高速传输等功能，便于用户对网络信息的移动搜索，满足了人们利用零散时间进行阅读的需求。移动网络技术的应用，使受众可以随时随地浏览互联网上的信息，丰富了人们获取信息的方式。

#### （一）智能移动终端数量大幅增长

近年来，手机网民数量增长迅猛，智能手机已经成为最重要的移动阅读终端。3G、4G 智能手机是通信业和计算机工业相融合的产物，是基于

[1] 严格地说，移动终端阅读的定义有广义和狭义之分。广义的移动终端阅读包括用手机等移动终端设备和电子阅读器进行的所有信息阅读，如通过短信、新闻、漫画、彩信、搜索等方式进行的信息阅读；狭义的移动终端阅读主要指对手机小说、手机报纸、手机杂志等的阅读行为，本研究所指移动终端阅读为狭义的移动终端阅读。

移动互联网技术的终端设备，具有极高的数据传输速度和多媒体的展现方式。2012 年，我国用户拥有的智能手机已经达到 3.8 亿台。[1] 市场的巨大需求吸引了众多手机生产商进入移动智能领域，使智能手机的硬技术和软技术都有了质的飞跃，操作系统日益成熟。中国智能手机市场日益扩大，其产品琳琅满目，品牌种类繁多。目前，国际手机品牌在我国手机市场上的竞争进入白热化的同时，许多国产智能手机品牌迅速崛起，华为、小米、联想、爱国者等国内品牌已经抢占了一定规模的智能手机市场。除了专业手机生产商以外，一些著名的互联网企业借助于自身的技术优势，也纷纷加入到智能手机的生产行列中，如阿里巴巴、百度、盛大、网易等已经在智能手机方面占有一定的市场份额。截至 2015 年 12 月底，我国手机用户数达 13.06 亿户，手机用户普及率达 95.5 部 / 百人。[2] 据《21 世纪经济报道》，截至 2018 年 5 月，中国移动电话用户总数达到 14.04 亿户，其中 4G 用户总数达到 7.46 亿户。[3]

2010 年 1 月 27 日，苹果公司 iPad 平板电脑正式发布，随即便席卷全球，欧美传统期刊纷纷推出 iPad 版。2012 年，中国平板电脑的销售量达到 879.50 万台[4]，增势迅猛。2014 年中国平板电脑市场销量为 2044 万台[5]，2015 年达到 2781 万台。[6] 但由于全屏幕手机对平板电脑的替代效应，近几年平板电脑的销售量整体上呈下降态势，2016 年较 2015 年下降 9.6%[7]，

---

❶ 艾媒咨询集团. 2012 中国智能手机市场年度报告［EB/OL］.（2013-04-16）［2014-02-06］. http://www.docin.com/p-672664370.html.

❷ 每百人有 95.5 部手机 我国手机用户数冲破 13 亿［N］. 北京晨报，2016-01-26.

❸ 中国有多少人在用智能手机？［EB/OL］.（2018-07-30）［2018-08-06］. http://www.sohu.com/a/244131959_737821.

❹ 2012 年中国平板电脑销售量增长 78.6%［J］. 中国计算机报，2013（5）.

❺ 2014 年中国平板电脑市场销量达到 2044 万台［EB/OL］.（2015-12-15）［2015-12-02］. http://www.chyxx.com/industry/201512/369205.html.

❻ 中国平板电脑行业市场报告目录［EB/OL］.（2017-10-19）［2017-10-26］. https://wenku.baidu.com/view/29c87a7e182e453610661ed9ad51f01dc381571a.html.

❼ 2016 中国平板电脑市场统计结果：出货量同比下滑 9.6%［EB/OL］.（2016-09-26）［2017-01-17］. http://www.yzmg.com/pad/153888.html.

2018 年较 2017 年下降 0.8%❶。

（二）期刊移动阅读数量显著增加

智能移动终端市场的繁荣进一步带动了移动终端阅读市场的发展壮大，其用户呈现爆发式增长的态势。一时间，用大屏智能手机、平板电脑阅读小说、新闻、杂志、动漫成为一种潮流，智能移动终端用户数量大幅增长。2008 年，由中国图书商报与龙源期刊网联合发布的“中国期刊网络出版趋势报告”显示，期刊移动网络终端阅读已日渐成为主流的期刊阅读方式之一。❷

2009 年，《浙江大学学报（人文社会科学版）》与中国移动电子阅读基地联手，在我国第一次推出了学术期刊移动阅读版与印刷版同步出版的全新出版传播模式，成为我国首家涉足手机出版的期刊。2010 年，《浙江大学学报（人文社会科学版）》推出了手机出版业务，并从 2010 年第 1 期开始，将其电子版上传至中国移动电子阅读平台，实现了手机版期刊的移动互联网查询功能，拉开了中国期刊手机出版的序幕。❸2011 年 12 月，龙源数字传媒集团龙源期刊网联合中国新闻出版研究院共同发布了“2011 年度期刊网络传播 TOP100 排行”。该排行榜对数字期刊在不同用户领域的阅读情况进行了梳理，能够反映出不同读者及用户的不同阅读喜好。其中，在“手机阅读 TOP10 榜单”中，《民间故事选刊》居首，用户点击量累计达到近 250 万次，排在第 2 至第 6 位的《知音》《微型小说选刊》《读者》《家庭百事通》《男生女生（金版）》的点击量也都超过百万次，❹显示出手机移

❶ 2018 年国内平板电脑市场出货量约 2212 万台，同比下降 0.8%［EB/OL］.（2019-03-16）［2019-03-17］. http://www.ic37.com/htm_news/2019-3/284310_962564.htm.

❷ 晓雪，李鹏. 期刊网络付费阅读渐被接受——本报与龙源期刊网联合发布中国期刊网络传播趋势报告［N］. 中国图书商报，2010-03-01.

❸ 吴重生.《浙江大学学报（人文社会科学版）》开通手机版 首推学术期刊移动阅读版与印刷版、电子版同步出版的全新传播模式［N］. 中国新闻出版报，2008-11-04.

❹ 尹蓓蓓，李雪昆. 移动阅读重塑数字期刊格局［N］. 中国新闻出版报，2012-01-17.

动网络阅读市场的欣欣向荣之势，发展潜力巨大。

在 iPad 移动阅读方面，龙源期刊网借助于自身的技术优势，研发出了平板电脑的共用程序端口。借助于这个端口，用户可以自行推出独立的 iPad 版，使得一大批刊物能够迅速进入苹果商店，拓展了期刊的移动网络出版渠道，既满足了期刊编辑部（杂志社）的个性化需求及现实需要，又能够为读者提供更多的阅读选择，给众多期刊的移动数字化出版带来转机。

近年来，包括《三联生活周刊》《新华文摘》《第一财经周刊》《中国新闻周刊》《南方人物周刊》在内的一些国内知名刊物都进行了移动网络的数字化出版开发业务，其在手机、平板电脑等移动终端上日益扩大的受众规模显示出期刊智能移动网络终端阅读欣欣向荣的发展趋势。

VIVA 无线新媒体是中国最有影响力和用户最多的数字杂志出版与发行服务平台。VIVA 无线新媒体发布的《2012 上半年中国手机杂志市场报告》显示，截至 2012 年 6 月底，VIVA 无线新媒体手机杂志数字发行平台用户数量已达到 6500 万份，较 2011 年增长了近 328%。[1]2012 年全年，VIVA 无线新媒体手机杂志数字发行平台上的客户端用户规模已累计达到 8800 万。[2]截至 2013 年上半年，VIVA 月活跃用户量超过 3000 万。2015 年，VIVA 畅读新媒体发布的《畅读中国新媒体行业报告 2014》显示，伴随着中国逐渐进入“全民在线”的传播时代，通过无线智能终端阅读数字杂志和深度自媒体的用户已经超过 1.3 亿人。[3]截至 2016 年 8 月，VIVA 畅读拥有逾 2.3 亿注册用户，日活跃用户量 450 万，月活跃用户量 3500 万。[4]

---

❶ VIVA《2012 上半年中国手机杂志市场报告》出炉［EB/OL］.（2012-08-02）［2014-02-06］. http://tech.163.com/12/0802/15/87TNHQEN00094MOK.html.

❷ 郝振省，等. 2012—2013 中国数字出版产业年度报告［M］. 北京：中国书籍出版社，2013：256.

❸《畅读中国新媒体行业报告》出炉 超 1.3 亿人有在手机上看杂志的习惯［EB/OL］.（2015-02-02）［2015-02-07］. https://fotomen.cn/2015/02/02/viva.

❹ 数据来源于畅读官网。

## 二、多媒体互动技术与期刊多媒体阅读

多媒体通信技术的日益进步，给网络媒体带来了广阔的发展空间，在多媒体技术的支持下，多媒体网络杂志迅速成为流行的网络传播载体。网络多媒体技术的发展促进了网络多媒体杂志的大量涌现，催生了网络多媒体技术条件下期刊阅读方式的变革。随着互联网 Web2.0 技术的应用，第三代电子杂志即网络多媒体互动杂志自 2005 年以来进入高速发展时期。网络多媒体互动杂志利用 P2P 平台发送，具有互动性、多媒体性及网络性的基本特征，信息来源广泛，内容丰富多彩，传播速度快，不受时间和地域的限制，阅读便捷且方式灵活多样。[1] 网络多媒体互动杂志可以通过电脑阅读，也可通过手机、平板电脑等移动终端阅读，给人们一种不同于以往的全新的视听感受，使期刊的可读性大大增强。

## 三、"开放存取"技术与期刊开放阅读

开放存取具有免费获取学术信息的特征，是一种全新的学术信息传播机制，具有成本低、传播广、获取便捷等优点，学术成果可通过互联网无障碍地传播。开放存取期刊（OAJ）保留了传统期刊的价值，通过互联网实现了期刊学术成果的广泛传播和共享。目前，我国影响力较大的开放存取期刊（OAJ）平台有 Socolar、中国科技论文在线、中国科学院科技期刊开放获取平台等。随着各个重点科研机构库的全球开放，读者可以在更广泛的范围里获得自己所需要的信息资源，可以更自由地进行期刊信息查询和阅览，从而实现期刊的开放阅读。

---

[1] 网络杂志：好风凭借力 送我上青云［EB/OL］.（2013-12-11）［2014-02-06］. http://media.people.com.cn/GB/40699/4349382.html.

# 第五节　数字出版技术应用与专业期刊平台运营模式变迁

## 一、期刊独家授权数字出版模式的采用

2008年之前，我国多数纸质期刊将其数字版权授权给多家专业期刊数字出版运营平台经营，其版权合作大多采用版权转让和多家合作的方式。2008年，我国纸质期刊与专业期刊网站的合作模式发生了重要变革，出现了数字化期刊的独家许可经营模式。期刊独家数字出版授权可以理解为：期刊内容服务商通过与期刊内容提供者签订独家协议，以独家的方式制作、出版、发行传统印刷型期刊的数字版，并在授权协议的框架内提供相关的技术服务。"独家授权"意味着任何其他单位和个人都不得再次使用签约期刊的内容进行数字出版活动和相关的互联网信息服务。[1]

2008年2月29日，中华医学会系列杂志独家授权万方数据进行其旗下115种医学专业期刊的数字化出版业务，并停止与中国知网数据库和维普数据库的版权合作。同时，万方数据库为中华医学会系列杂志单独开设"中华医学会期刊"检索平台，以此打造数字化医学期刊的服务平台。双方发行权使用费分年度约定。[2]中华医学会系列杂志与万方数据的"独家授权"合作，开创了我国传统媒体以集群形式与信息服务商合作的先河。

随之，期刊独家授权数字出版模式这种个性化的服务被各大型期刊数

---

❶ 任全娥. 数字化学术期刊的产业链分析与共赢模式构想：由"独家授权协议"引起的思考［J］. 情报资料工作，2012（3）.

❷ 商战. 产业再造，新模式要动"奶酪"——中华期刊独家授权，万方数据开启未来［N］. 西安日报，2008-05-08.

字出版平台普遍采用。《中国科学》《中国社会科学》及中华预防医学、中国疾控医学系列和中国实用医学系列期刊等 720 多种学术类期刊与中国知网签订了数字版权独家许可使用协议，版权使用费按年度以保底 + 发行版税分成的方式结算。❶ 截至 2008 年年底，与中国知网签订独家授权数字出版协议的国内期刊已达 630 家。❷ 目前，中国知网独家与唯一授权期刊达 3964 种，占我国期刊总量的 43%。❸

期刊独家授权数字出版模式的采用及用户规模的日益扩大，大大提升了我国期刊网络出版市场的规范化和产业化水平，避免了数据录入方面的重复劳动，改变了期刊网络出版的产业格局。

然而，从另一个方面来看，期刊独家授权数字出版模式大幅增加了专业期刊网站的经营风险。专业期刊数据库在独占资源的同时也要付出巨大的成本，这成为其进一步发展的负担和瓶颈。相关统计数据显示，2008—2010 年，中国知网、万方数据分别与多家期刊编辑部签署了独家授权数字出版协议，平均算来，每种期刊数字化的独家经营成本每年可达 5~7 万元，高者甚至达到了 25 万元。❹ 万方数据与中华医学会的独家数字出版版权合作使万方数据三年付出 2000 万元人民币的代价，而其专业期刊网站的发行收入并未因此得到明显提高。❺

对于学术期刊杂志社来说，期刊独家数字出版模式是把双刃剑，其一方面可以给期刊杂志社带来不菲的独家授权收入，另一方面则缩小了期刊的传播范围，降低了学术期刊的影响力。期刊的独家授权数字出版容易导致技术提供商一家独大的局面。由于独家授权协议的垄断性和排他性特征，加入独家授权数字出版协议的期刊的成果信息只能在唯一的

---

❶ 郝振省，等．2009—2010 中国数字出版产业年度报告［M］．北京：中国书籍出版社，2011：91．

❷ 张维，芮海田，赵跃峰．学术期刊数字独家授权出版及其可持续发展［J］．长安大学学报，2013（2）．

❸ 中国知网独家与唯一授权期刊产品介绍。

❹ 景一．数字化科技期刊的独家经营模式［J］．科技与出版，2010（10）．

❺ 2008 中国传媒创新报告课题组．2008 中国传媒创新报告［J］．传媒，2009（1）．

数据库中查到，使数字化学术期刊的受众为了获得专业的学术资源不得不支付较高的使用费用，无形中增加了受众利用期刊学术成果的成本。有研究表明，期刊独家授权数字出版模式会缩小期刊的传播范围，降低学术期刊的被引率，使学术期刊的影响因子降低，从而降低刊物的影响力。[1]从这一意义上说，期刊独家数字出版模式对学术资源的获取、信息服务质量的提升及科研成果的传播都产生了较为严重的负面影响。[2]在当前学术期刊评价竞争日益激烈的背景下，一些期刊编辑部（杂志社）并不愿意接受这种独家授权数字出版模式，这对于各大期刊来说，虽然使其损失了独家授权数字出版方面的相关收入，但可以保证期刊学术成果较大范围的传播，提升了期刊的被引率及影响因子，从而能够在学术期刊评价中占有一定的优势。

从某种意义上讲，期刊数字出版独家授权协议的出现是不良市场竞争的产物。期刊独家授权数字出版模式缩小了学术期刊的数字化传播范围，限制了期刊信息的数字化传播速度，既不利于学术期刊成果的传播及学术影响力的拓展，也不利于我国学术研究整体的开放性发展，在促进学术传播与交流方面具有一定的局限性。

## 二、专业期刊平台市场分工的逐步细化

网络信息技术的发展使专业期刊网络平台迅速崛起，但多数专业期刊网络平台的内容收录范围、文献汇编方式、产品服务功能等趋同现象明显，无法体现针对不同用户、不同用途的差异性。2008 年，期刊独家授权数字出版模式出现后，各专业期刊平台更加注重培育自身优势，其期刊数据库产品开始出现较为明显的差异，市场分工呈现出逐步细化的态势。

2002 年，中国知网建成了国内首个高质量学术期刊全文检索与评价数

❶ 张小强，史春丽．独家数字出版与期刊影响因子关系的实证分析［J］．编辑学报，2014（3）．

❷ 苏新宁，韩普，王东波．“独家协议”不利于学术交流［N］．光明日报，2011-11-01．

据库《中国期刊全文数据库》。2004 年，中国知网开始整合百科全书、词典和专科辞典等资源，出版了我国首个《工具书数据库》。2005 年，制定了国际国内首部公开发表的连续电子与网络出版物产品标准——《CNKI 系列数据库产品与技术服务标准》，标准从全文数据库基本属性、产品用途、内容、结构、功能与性能 6 个方面规范出版产品、确保产品质量[❶]，体现了文献数据的规范化和标准化。2006 年，中国知网根据读者层次和产品用途将《中国期刊全文数据库》分为学术、高教等 9 种期刊数据库产品，还收录了党建期刊、政报公报等 8 种非学术期刊文献，并建立对应数据库。

万方数据是我国最早引入 ISO 9001 质量管理体系认证的数字出版单位，其扫描、识别、文摘、标引等每道工序均有严格的加工流程，信息资源产品的质量目标为"交付合格率为 100%"。万方数据的主要经营优势是以中华医学会系列期刊为主的医学期刊和部分科技期刊的网络版。

维普资讯的主要产品《中文科技期刊数据库》分三个版本（全文版、文摘版、引文版）和八个专辑（社会科学、自然科学、工程技术、农业科学、医药卫生、经济管理、教育科学、图书情报）。维普资讯的主要经营优势是一般科技期刊和基础教育、文艺、文化类期刊的互联网文献服务。

龙源期刊在国家文化产业及移动互联网技术飞速发展的环境下，坚持商务模式和技术创新，在机构用户中构建了个性化知识服务，并于 2012 年推出了移动阅读的系列产品。[❷]龙源期刊网的经营优势是基础教育、文艺、文化类期刊的网络与手机出版。

市场分工的逐步细化，使业内竞争从同质化产品的恶性价格竞争，开始走向较为规范的经营模式竞争。各专业期刊网站分别利用自身优势，采取网上包库、镜像网站、流量计费等方式扩大互联网期刊的出版销售规模。差异化的市场定位及市场分工的逐步细化，使各大期刊数字出版平台找到了各自的发展空间。

---

❶ 刘森 . 国内文献数据库发展问题及对策研究 [J]. 科技与出版，2012(12):83–85.

❷ 汤潮．手机龙源网：探索移动阅读的完美模式［N］．中国社会科学报，2012–11–28.

## 三、“网络发行量”概念的首次提出

长期以来，一提到期刊的发行量，人们都会不由自主地联想到纸质期刊。近年来，随着期刊网络阅读数量的大幅增加，网络化的阅读方式已逐渐被人们所接受。在这种背景下，原来的发行量概念已经不能适应网络信息时代的要求，不能真正、全面地体现期刊的实际影响力。2009 年下半年，美国杂志出版商协会（MPA）正式将期刊的网络发行量计入期刊有效发行量之中。2009 年 11 月 19 日，龙源期刊网在我国首次提出了“网络发行量”的概念，打破了期刊的发行量只限于传统纸质版形式的局限，在我国第一次将期刊电子版内容在网络上的传播量也统计到发行量中，更贴近行业的发展实际。“网络发行量”概念的提出，对于各大期刊数字出版商研究网络读者的阅读取向、促进新老媒体的交融发展及期刊编辑部（杂志社）的广告营收和品牌拓展等方面都具有极为重要的现实意义[1]，无疑是期刊界的一个具有指导意义的重大变革。

## 四、“云计算”技术实现期刊数字出版的全流程管理

随着现代网络信息技术的发展，我国广大期刊编辑部（杂志社）都建立了自己的网站，用以发布已发稿件的电子版资源，不仅资金投资大、网站维护成本高，而且受硬件资源的限制，网站扩展或升级极为不便。尽管中国知网、万方数据、维普资讯、龙源期刊等大型期刊数字出版平台专门收录已发表的论文供读者搜索，但收录时间滞后，特别是在独家授权数字出版模式的条件下，各数据库之间的共享非常有限，从而在学术信息的传播方面表现出了一定的局限性。2011 年 4 月 20 日，国家新闻出版总署出台的《新闻出版业“十二五”时期发展规划》中提出要“打造基于‘云计算’技术的学术论文发布平台，建立多学术期刊单位的在线投稿、同行评议、出版与发布系统，推动学术期刊出版数字化转型。”“云计算”技术在我国期刊出版领域得到了初步应用。

---

[1] 洪玉华. 龙源期刊网提出网络发行量概念［N］. 中国新闻出版报，2009-11-20.

“云计算”技术是融合了信息技术和互联网技术的全新的网络运行核心技术，已经成为期刊信息化发展的必然趋势。“云计算”实质上是将不同地方的 PC 电脑或服务器通过互联网连接起来，通过服务器间的协同工作，构成服务器的功能共享集群，进而使用户获得数据处理和存储能力的超级提升。云计算技术条件下的数据处理及存储是在大规模服务器集群上进行的（不需要在本地电脑上进行），用户只需要有一个具有输入、输出功能的显示器就可以享受电脑所拥有的全部服务。[1]

期刊云是期刊界的一个行业云，是指由期刊联盟或大型期刊社团等组织机构牵头，在云计算技术的基础上构建的专供期刊编辑部（杂志社）进行期刊高效出版及运营管理的数字化出版平台，是能够实现期刊社全流程管理的一类子云[2]，能够使作者投稿、专家审稿、编辑加工、线上销售、读者付费阅读等多项功能更具效率。期刊云用户可通过以太网、因特网等互联网络使用云。根据实际情况，云平台可被合理调度配置为无数小云，以实现期刊云的各项功能。期刊云的基本构成主要包括期刊联盟成员（期刊社及其编辑）、期刊服务对象（读者）和其他用户（审稿专家或检索机构等），如图 5–1 所示。

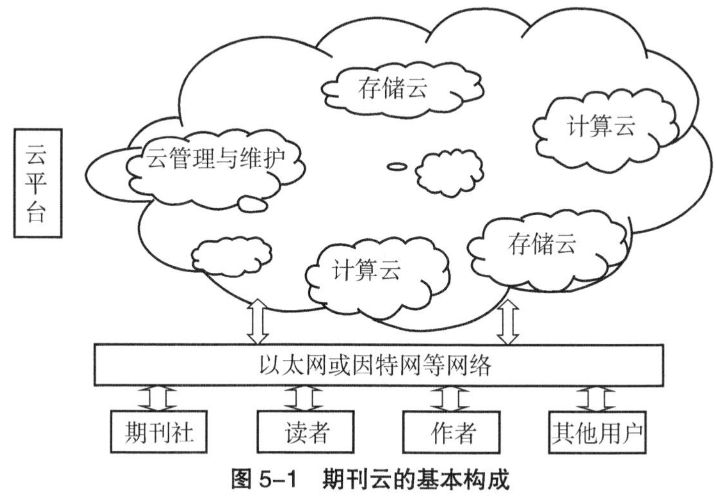


**图 5–1　期刊云的基本构成**

---

[1] 邓向阳，彭祝斌．云计算数字出版业发展的助推器［J］．编辑之友，2010（9）.

[2] 钟细军，厉亚．云计算与期刊云——科技期刊未来的新平台［J］．出版发行研究，2011（11）.

中国知网、万方数据、维普资讯、龙源期刊等期刊出版平台及北京勤云、西安三才、Magtech 等的稿件采编系统已经为期刊出版的某一环节提供了高效的云服务，大大提高了期刊出版的效率，展现出了“云计算”技术的巨大优势，但“云计算”技术的巨大作用在我国期刊数字出版领域还没有得到有效发挥，其对期刊出版的整体工作方式并没有带来实质性的改变。

2012 年，万方数据依托其在信息服务领域积累的资源优势、技术优势及行业服务经验，推出了期刊的数字出版云服务。其服务模式是将作者、编辑、读者及相关产业链条的管理者、服务者等主体连接到一起，形成一个完整的互动社区平台，为用户带来资源服务、知识服务和社区服务。[1]资源服务、知识服务和社区服务逐步实现了期刊数字出版服务层次的全面提升，从而让内容和用户都“活”了起来。第一是资源服务层次，主要关注资源要素，即对优质资源进行整合并提供给用户，具体包括万方数据知识服务平台提供的学术期刊数据库、专利技术数据库等服务内容；第二是知识服务层次，主要关注资源和技术要素，即用智慧对结构化的信息进行分析和增值处理，形成各种知识服务产品，让内容“活”起来，具体包括万方数据知识服务平台提供的知识脉络分析、学术统计分析、论文相似性监测、科技文献分析等内容；第三是社区服务层次，也是最高服务层次，即通过对资源、技术和人三个要素的整合，将鲜活的人、富有智慧的技术和高品质的资源整合起来形成一个完整的、互动的知识服务平台。[2]

在当前我国数字出版产业存在产品形态单一、核心技术研发水平落后、产品创新不足的背景下，万方数据建立的期刊数字出版云服务促进了知识经济的发展和信息服务环境的整体提升，具有较强的创新性和实用价

[1] 郝振省，等．2012—2013 中国数字出版产业年度报告［M］．北京：中国书籍出版社，2013：93.

[2] 万方数据数字出版云服务广受关注［EB/OL］．(2014-08-06)［2014-09-11］．http://www.pspress.cn/Html/Article/7615.

值，对于我国期刊数字出版产业的发展具有积极的推进和引导作用，也为我国数字出版业的发展注入了新的活力。目前，在我国期刊数字出版领域，“云计算”技术已经进入普及应用的阶段。

# 第六章　中国期刊数字出版技术变迁的特征、动因及影响

## 第一节　中国期刊数字出版技术变迁的特征

中国期刊数字出版产业发展的历史表明，期刊数字出版产业是一个高技术依赖型行业，期刊数字出版产业的每一次重大变革都与出版关联技术的发展密不可分，技术进步是引起出版业变革的基本动因。[1]伴随着电子计算机及网络信息技术的应用，我国期刊数字出版技术迅猛发展，其技术变迁过程表现出了迅速性、渐进性和集成性的特征。

### 一、期刊数字出版技术变迁的快速性

近年来，全球范围内信息技术创新的速度越来越快，新产品、新技术层出不穷，信息领域的新业态大量涌现，成为日益活跃的重点创新领域，几乎每年甚至每月都有新的技术、新的经营方式、新的理念产生。信息技术具有数字化、智能化、快捷性、交互性、多媒体和泛在性的特点，人类对信息技术的利用已经成为当今生产生活不可或缺的重要组成部分。[2]人们通常用穆尔定律和基尔德法则来描述信息技术的加速度发展状况。穆尔定律表明，通过对 30 年因特网发展的统计量的分析，因特网上的通信量大约每年要翻一番，计算机处理器芯片的处理能力在同一价格下每 18 个

---

[1] 方卿，周洁．关于数字出版模式的思考［J］．中国出版，2011（19）．

[2] 王珠珠．用信息技术加速实现教育现代化［N］．经济日报，2010-07-08．

月要提高一倍，这充分表明了网络通信及计算机处理技术的加速发展状况；基尔德法则表明，在通信系统快速发展的时期，其通频带宽度每 12 个月会增加至原来的 3 倍，与此同时，其使用成本也会得到逐步降低。[1]信息技术更新换代速度之快令人应接不暇。

在信息技术加速发展的背景下，出版的传播速度、传播技术和手段的革新呈现出迅速发展的态势。我国期刊数字出版技术变迁的历程亦是如此，并在快速发展的进程中，其表现内容越来越丰富。自汉字实现数字化并应用于出版领域至今，还不足 30 年时间。在这短短的时间内，我国期刊数字出版技术完成了从传统出版到信息技术条件下的现代出版的巨大变迁。

1985 年，随着华光Ⅱ型激光照排机投入生产性使用，汉字实现了数字化，中国印刷业由此进入“光与电”的崭新时期，我国期刊电子出版技术迅速发展起来。电子计算机使磁、光等信息存储技术得以应用，颠覆了传统的纸质信息存储方式，实现了信息存储的数字化。在此基础上，我国研发了《中国高等院校学报论文文摘（英文磁带版）》（CUJA）和《中文科技期刊篇名数据库》（光盘版），并出现了软盘数字期刊的雏形，方正书版、科印微机排版系统、华光普及型（BD）排版系统等计算机排版软件得到了初步应用。

1994 年，我国正式接入互联网，网络信息技术在我国得到快速发展。网络信息技术在出版领域的广泛应用，推动了期刊采编技术、制版及印刷技术、发行及阅读技术的数字化变革，期刊出版逐步向网络化、一体化方向发展，我国期刊数字出版技术体系初步形成。

2005 年，我国第一个真正意义上的 IPV6 核心网建成。随后，3G、4G 牌照的发放，标志着我国数字出版迎来了移动互联网时代。IPV6 核心网的建成及移动 3G、4G 通信网络技术的应用，促进了我国期刊数字出版技术的创新与发展。在期刊稿件采编技术发展方面，期刊网络采编系统被广泛采用，一批期刊群采编平台得到了建设，参考文献辅助编校系统及学术不

---

[1] 周蔚华. 数字传播与出版转型［M］. 北京：北京大学出版社，2011：44.

端检测系统在期刊出版过程中得到了普遍应用。在期刊的数字发行与阅读方面，一些OA期刊在线发布平台得以建立，期刊发行实现了开放阅读、自由传播和资源共享；三网融合、三屏功能合一技术进一步深入，移动终端阅读技术得到快速发展；移动网络技术的应用及手机网民数量的增长催生了手机阅读市场的壮大，VIVA无线新媒体手机杂志等一批手机期刊出版平台迅速发展。同时，数字出版技术的发展推动了专业期刊平台运营模式的变迁，云计算技术在期刊数字出版领域得到了广泛应用。

从华光Ⅱ型激光照排机投入生产性使用到互联网技术的引进，只用了9年时间，这使我国期刊数字出版技术也得以迅速发展，且在这一过程中，出版技术的迭代越来越频繁，技术创新的内容也越来越丰富。

## 二、期刊数字出版技术发展的渐进性

网络媒体以其海量的信息及数据信息的高速传输、方便快捷的检索功能、广泛的覆盖面，加快了信息的传播速度，给传统纸质期刊的发展带来一定影响。在这种情况下，人们的阅读习惯逐渐发生了变化，公众的纸质媒体阅读率持续下降，网络阅读率持续上升。中国出版科学研究所2006年发布的《第四次全国国民阅读与购买倾向抽样调查报告》显示，在数字出版技术蓬勃发展的背景下，我国国民传统介质阅读率持续6年下降，而网络阅读率在6年内上升了6.5倍。[1]第十次全国国民阅读调查结果显示，2008年和2009年中国18~70周岁国民数字化阅读方式接触率分别为24.5%和24.6%，随后开始快速增加，2010年为32.8%，2011年为38.6%，至2012年，这一数字已经达到了40.3%，并有进一步扩大的趋势。[2]2013年，其达到50.1%，2016年达到68.2%。[3]

在这种情况下，传统纸质期刊面临着发行量骤减，广告业务日益萎缩

---

❶ 马国仓. 我国国民阅读现状喜忧参半［N］. 中国新闻出版报，2006-04-24.

❷ 杜一娜. 第十次全国国民阅读调查发布［N］. 中国新闻出版报，2013-04-19.

❸ 数字化阅读方式接触率连续八年上升［EB/OL］.（2014-04-18）［2014-09-12］. http://www.sinomaps.com/a/xinwendongtai/hangyedongtai/hangyexinwen/2017/0418/22091.html.

的困境。据有关统计，2000—2004年，我国期刊的平均期印数（2002年总印数略有增长）和总印数呈下滑态势，平均期印数由2000年的21544万册下降至2004年的17208万册，下降了20.13%；总印数由2000年的29.42亿册下降至2004年的28.35亿册，减少了1.07亿册[1]；2009年，我国期刊平均期印数已下降到16457万册，较之2000年降幅达23.6%[2]；2010年全国共出版期刊9884种，平均期印数为16349万册，总印数32.15亿册，与2009年相比，总数仅增长0.33%，而平均期印数则下降了0.66%。其中，仅哲学、社会科学类期刊和画册类期刊的平均期印数实现了增长，分别为7.30%和1.19%，而其他类期刊的平均期印数都有所下降，其中综合类期刊的平均期印数下降幅度最大，达到了10.22%。[3]2015年，我国期刊总数较上年增长了0.23%，总印数减少了2.17%。[4]2017年，期刊总数较上年增长了0.46%，总印数减少了7.59%。[5]

期刊数字出版技术的快速发展使人们产生了一丝担忧，数字化的期刊是否会完全取代纸质期刊？纸质期刊是否会在数字技术的推动下走向消亡？答案是否定的。纵观期刊的发展史，我们可以发现，在期刊出现后的数百年时间里，新媒介的出现一般并不会即刻给原有的媒介带来颠覆性的改变，二者主要表现出优势互补及竞争性生长的特征。新媒介与原有媒介会在一定的时期内融合共生，发展过程会伴随力量强弱的变化。[6]在期刊

---

❶ 黄健．网络时代背景下新媒体传播业的基本现状和发展趋势［J］．沿海企业与科技，2009（3）．

❷ 周蔚华．数字传播与出版转型［M］．北京：北京大学出版社，2011：72．

❸ 王玉梅．2010年全国新闻出版业基本情况发布［N］．中国新闻出版报，2011-09-06．

❹ 2016年我国期刊发行市场调研［EB/OL］．（2016-06-04）［2017-03-12］．http://www.sohu.com/a/80610798_267969．

❺ 2017年全国期刊品种增长了0.46%，期刊总印数降低了7.6%，利润总额增长了6.6%［EB/OL］．（2018-08-06）［2018-09-17］．http://www.360doc.com/content/18/0806/18/52230674_776160713.shtml．

❻ 李文珍．纸媒为什么不会消亡［N］．中国社会科学报，2011-11-24．

出版业发展的进程中，随着新兴媒体的出现和新技术的不断应用，其出版方式必定会向新技术靠拢，期刊传统出版方式的生存空间被挤压是毫无疑问的，但传统出版也会采用现代化的出版技术来推动自身的转型，不会迅速消亡，数字期刊与纸质期刊将会长期并存。从一般意义上讲，期刊的数字出版和传统出版各具特点，在人们基本阅读习惯还没有彻底改变的情况下，期刊数字出版的生存和发展仍是优势互补及共存的关系，最终期刊的数字出版与纸质出版可能会实现有效融合。在期刊数字出版和纸质出版的共同作用下，人们多样性阅读的需求才能够得以满足。从纸质阅读和数字阅读的优劣势来看，纸质阅读在科学性方面具有很大优势，纸介质的期刊更有利于思辨、便于推理，其长期保存功能优于数字期刊，可以让人专注，让人记忆深刻；而目前所见的纯网络电子期刊虽然阅读方便快捷，但从我国纯网络电子期刊的发展状况来看，其呈现出内容参差不齐、量大而不精的特征，整体上还处于初级发展阶段，且普遍存在学术价值和学术声誉不被认可的状况。在当前情况下，数字期刊只是分流了一部分传统出版的受众，而没有给纸质期刊带来实质性的威胁。

期刊数字化是所有传统媒体共同面对的问题，但无论是期刊的传统出版还是数字出版，读者的需求都是期刊的内容资源，也就是说，内容是左右期刊出版业发展的主要力量。[1]在网络信息技术加速发展的背景下，期刊传统出版还将在一定时期内存在，期刊数字出版技术的发展将呈现渐进性，这种渐进性表现为期刊的传统出版与数字出版形式的日益融合、相互促进。只有通过数字技术、信息网络技术与传统出版业加速融合，才能找到期刊传统出版与数字出版相结合的科学发展方向，走向融合是期刊数字出版和传统出版发展的大势所趋。

## 三、期刊数字出版技术创新的集成性

从一般意义上讲，创新过程是最复杂的技术过程、管理过程和组织过程，富有无数复杂的变化因素，而创新系统是目前已知最复杂的、影响因

---

[1] 王立元. 传统期刊如何走数字化之路［N］. 中国文化报，2011-01-09.

素众多的并不断变化着的系统之一。[1]随着信息时代的到来，技术创新的模式越来越丰富，对科技与经济持续发展的驱动作用也日益明显。

集成创新是创新主体将创新要素（技术、战略、知识、组织等）优化、整合，使其相互之间以最合理的结构形式结合在一起，形成具有功能倍增性和适应进化性的有机整体的过程，其最主要的特征是“1+1>2”。实践证明，任何层次的创新，都不应当仅仅是分配资源，更主要的是按照既定的目标，创造性地融合和集成资源，这样才能使创新系统的整体功能发生质的飞跃，否则，许多技术和成果都无法实现它应有的价值，从而失去继续创新的动力。[2]集成创新的优点是创新行为主体既可以采用“拿来主义”，取其精华去其糟粕而为我所用，同时，也可以发挥自身优势，通过自身的技术力量为技术和产品配套。[3]在现代电子信息及网络信息技术飞速发展的背景下，集成创新越来越受到理论界和企业界的重视。

近年来，随着传统出版产业升级换代步伐的逐步加快和互联网、智能手机及相关阅读器等新兴媒体形态的不断涌现，我国期刊数字出版产业迅猛发展，新技术、新终端层出不穷。数字出版技术是传统出版技术不断吸收电子、信息、通信等方面的先进科技成果，并将其综合应用于数字出版的产品设计、生产、使用、服务等的全过程。我国期刊数字出版技术在创新过程中呈现出了集成性的特征。

第一，期刊网站的集成性。随着高新技术的不断发展，大多数期刊编辑部网站在信息传播过程中突破了传统传播手段的单一性，将文字、声音、视频、虚拟视觉等各种技术统一于一身，实现了期刊信息传播手段的多样性和综合性，呈现出技术融合的特点和趋势。一些期刊网站在突出自身特色的同时，还借助于博客、播客等新媒体的传播手段，吸引了更多的

---

[1] 官建成，张爱军．技术与组织的集成创新研究［J］．中国软科学，2002（12）．

[2] 李文博，郑文哲．企业集成创新的动因、内涵及层面研究［J］．科学学与科学技术管理，2004（9）．

[3] 金军，邹锐．集成创新与技术跨越式发展［J］．中国软科学，2002（12）．

读者群体，扩大了刊物的覆盖面和影响力。[1]除此之外，一些期刊网站还集成了手机版及 iPad 版，更加方便读者阅读。

第二，应用软件的集成性。如目前大多数期刊所使用的“期刊信息采编系统”中就集成了“参考文献辅助编校系统”“学术不端检测系统”等功能。

第三，出版平台的集成性。阅读终端的日趋丰富和多样化，为期刊成果信息的传播提供了更为广阔的渠道。数字阅读是一个全新的领域，开展数字化阅读必须充分依靠出版单位、内容提供商、电信运营商及终端硬件商之间的紧密合作，构建起具有优质内容的集成平台，共同推进整个产业链的整合，实现数字内容资源的共享，以优质服务赢得用户。当前，我国期刊数字出版平台呈现高度集成化的特征和趋势，从国内几家大的期刊出版平台排名显示的变化可以看出，排名靠前的都是在特色建设、资源整合、功能集成及满足用户需求方面做得好的出版平台（如中国知网、万方数据等）。

## 第二节　中国期刊数字出版技术变迁的动因分析

一般而言，传播媒介的形态变化通常是由可感知的需要、竞争和政治压力及社会和技术革新的复杂关系相互作用引起的。[2]期刊数字出版作为一个兼具文化性与商业性、意识形态属性与产业属性、商品性与公共物品性等多重属性的行业，担负着传播信息、传承文化和经营赢利等多方面的责任。期刊数字出版技术经过了一个历史发展的过程，是媒介历史发展到

❶ 王坤宁. 中国出版业网站加强资源集成 传播方式更多样化［N］. 中国新闻出版报，2009-11-17.

❷ 菲德勒. 媒介形态变化——认识新媒介［M］. 明安香，译. 北京：华夏出版社，2000：19.

一定阶段的产物。在这一过程中，期刊数字出版技术在不断变化，这些变化离不开它所依存的经济、社会及文化环境，电子计算机及网络信息技术的进步对推动期刊数字出版技术的发展和演变起到了关键作用。

## 一、技术基础：计算机及网络信息技术的发展与应用

科学技术渗透于经济发展和社会生活的方方面面，改变了人们的生产、生活方式，成为推动经济社会发展的第一要素和推动生产力发展的最活跃因素，对人类社会的文明进步产生了深刻影响。技术对人类活动而言不仅仅是辅助工具，而且是重塑人类行为及其意义的强大工具，归根结底是推动现代社会进步的决定性力量。技术的发展有其相对独立的自我增长特点，一方面，社会需求推动了技术的起源和生成；另一方面，技术又有其自我发育的内在机制和根据。[1]20 世纪 80 年代以来，电子计算机技术、互联网技术、IPV6 核心网及 3G、4G 移动通信网络技术在期刊出版领域中的应用，从根本上推动了我国期刊数字出版技术的变迁。作为一种全新的出版方式，数字出版在信息的处理方式、组织方式、传输方式、呈现方式、获取方式及形成方式上都与传统出版迥然不同。电子计算机及网络信息技术的快速发展及其在出版领域中的广泛应用，为我国期刊数字出版技术的发展提供了强有力的技术支撑，在期刊数字出版技术变迁过程中起到了极为重要的基础性推动作用。纵观我国期刊数字出版技术的发展历程可以发现，电子计算机在出版领域中的应用、互联网技术的引进与发展、IPV6 核心网的建立及 3G、4G 移动通信网络技术的应用，改变了传统的期刊出版方式，推动了我国期刊电子与网络出版技术的创新和变革，引致了期刊网络采编技术、制版及印刷技术、发行及阅读技术的变迁，实现了“一种信息、多种载体、复合出版”[2] 的产业发展态势，成为推动我国期刊数字出版技术发展的内在动力。

---

❶ 陈昌曙. 技术哲学引论［M］. 北京：科学出版社，1999：136.

❷ 柳斌杰. “一种信息、多种载体、复合出版”是出版单位的发展趋势［N］. 中国新闻出版报，2008-05-05.

## 二、经济动因：经济全球化与经济高质量发展

20 世纪 90 年代以来，世界经济全球化、一体化进程不断加快，生产要素加速在全球范围内流动和配置，国与国之间的经济界限越来越模糊，国家间的经济关联性和依存性不断增强。经济全球化、一体化是生产力和国际分工向高级阶段发展的必然结果，是生产要素在全球范围内优化配置所驱动的不断发展的客观历史进程，已成为不可阻挡的潮流。我国作为世界经济和贸易大国之一，也正在越来越大的程度上打开国门，积极参与国际经济的分工和协作。特别是加入世界贸易组织后，国内市场大大加快了与世界融合的进程。

2001 年 12 月，我国正式加入世界贸易组织，成为该组织的第 143 个成员国，标志着我国经济开始与世界市场接轨，我国开始在更大的范围、更广的领域、更高的层次上参与国际经济竞争与合作，这是我国适应经济全球化发展趋势的必然选择。对于相对弱小、较为封闭且国际竞争力较为薄弱的我国期刊数字出版产业来说，迫切需要转变产业发展方式，以适应经济全球化的挑战。从这一意义上来讲，经济全球化、一体化要求我国期刊数字出版产业要不断实现技术创新。

2007 年，党的十七大报告明确提出了“转变经济发展方式”的重大战略。转变经济发展方式包括：经济发展的方式由不可持续性向可持续性转变；由粗放型向集约型转变；由高碳经济型向低碳经济型转变；由投资拉动型向技术进步型转变；由技术引进型向自主创新型转变；由忽略环境型向环境友好型转变。特别是党的十八大以来，以习近平同志为核心的党中央高度重视经济的高质量发展，提出了推动经济发展质量变革、效率变革、动力变革的重大决策。

随着经济全球化、一体化及转变经济发展方式趋势的逐步深入，文化发展已成为促进经济社会发展的因素，文化在经济社会发展方面显示出了日益强大的生命力。随着出版业经济全球化的逐步推进，数字出版产业已成为极具国际竞争力的朝阳产业，成为文化全球化进程中的重要一环，数

字出版产业的健康发展更加符合转变经济发展方式的战略目标。期刊数字出版产业是文化产业的重要组成部分，是推动文化产业大发展大繁荣的重要推动力量，在其发展进程中，必然要适应经济全球化、一体化的趋势，不断实现技术创新，方能在国际竞争中立于不败之地。

经济全球化要求在全球范围内配置资源，其原则是以最小的投入获得最大的收益。相对于传统出版而言，数字出版使“按需印刷”[1]成为可能，节约了纸张、墨粉，更为低碳，更加具有可持续性，这正契合了我国“转变经济发展方式”的战略。经济全球化及“转变经济发展方式”战略推动了我国期刊数字出版产业的技术升级。

## 三、社会动因：由工业社会向信息社会的跨越

信息社会也称信息化社会，是信息在人类生产生活中起主要作用的社会，是以信息活动为基础的新型社会形态和社会发展阶段。出版文化历来同社会发展和人类文明进步紧密相连，出版文化的本质不在于它的物质性，而在于其精神性和社会性。梅卓忠夫在 1962 年出版的《信息产业论》一书中第一次明确提出了“信息社会”一词。在此书中，梅卓忠夫指出了信息社会的两个特征。第一个特征是信息资源的充分开发与利用。梅卓忠夫认为，人类社会经历了农业社会、工业社会和信息社会，它们的区别在于核心资源的不同。农业社会的核心资源是土地，土地造就了农业的发展；工业社会的核心资源是能源，能源成为工业生产的生命线；而信息社会中最核心的资源是信息，信息将成为信息社会中最重要的生产要素。第二个特征是社会的发展对信息的依赖性逐步增强。[2]

---

❶ 按需印刷（On-demand Printing）又称“即时印刷”和“闪电印刷”，是指按照用户的要求，以指定的地点和时间为目的，直接将所需资料的文件数据进行数字印刷。按需印刷是数字技术在印刷环节的良好实践，即“按当天的订数印刷，第二天发货”。按需印刷能够满足个性印刷、减少浪费及印刷品一步到位的要求，实现零库存、即时出书和可选择的个性印书。

❷ 程素琴. 数字出版传播特性研究［M］. 北京：中国广播电视出版社，2010：16.

信息技术以迅猛的速度向经济社会的各个领域广泛渗透，逐步改变着人类社会的生产和生活。正如工业革命推动人类社会进入工业化阶段一样，信息革命也正在引领人类进入信息社会。随着信息社会的逐步形成，诸如后工业社会、新经济时代、信息化社会、网络社会、数字社会等概念应运而生。计算机及网络的应用已经渗透到人类社会生活的方方面面，人们的思想、行为和生活方式发生了巨大的变化，信息社会已见雏形。信息社会的形成是一个长期的、动态的和循序渐进的过程，根据信息社会发展水平的高低可将这一转型过程划分为不同的发展阶段。

信息社会发展水平可以用“信息社会指数”（ISI）来度量。ISI 的取值范围在 0 与 1 之间，ISI 的值越高表明信息社会发展水平越高。一般来讲，以信息社会指数（ISI）作为标准，可将信息社会的发展过程划分为两大阶段，即信息社会的准备阶段（$0 < ISI < 0.6$）和信息社会的发展阶段（$0.6 \leqslant ISI < 1$）。

根据国家信息中心信息社会研究课题组发布的《2017 全球信息社会发展报告》的数据，2017 年中国信息社会发展指数为 0.4749，信息社会发展速度达到4.61%，我国开始进入工业社会向信息社会的加速转型期，[1]整体上处于由工业社会向信息社会的跨越阶段，信息技术呈现加速扩散的态势。这一时期呈现了两个重要特征，一是信息技术的应用对经济社会发展的影响日益增强；二是由工业社会向信息社会转型的步伐开始逐步加快。

我国是在工业化任务尚未全部完成的基础上开始信息化建设的，由工业社会向信息社会过渡的时期还要经历一定的时间。2006 年颁布的《2006—2020 年国家信息化发展战略》指出，“到 2020 年，我国信息化发展的战略目标是：综合信息基础设施基本普及，信息技术自主创新能力显著增强，信息产业结构全面优化，国家信息安全保障水平大幅提高，国民经济和社会信息化取得明显成效，新型工业化发展模式初步确立，国家信息化发展的制度环境和政策体系基本完善，国民信息技术应用能力显著提

---

[1]《2017 年全球和中国信息社会发展报告》正式发布［EB/OL］.（2018-01-14）［2018-01-15］. https://www.gzdata.com.cn/c69/20180114/i4600.html.

高，为迈向信息社会奠定坚实基础。”❶

在由工业社会向信息社会跨越的大背景下，信息数量快速增长，为此人们经常用“信息爆炸”“信息海洋”“大数据”等词汇来描述目前的信息状况。信息社会将是未来世界发展的潮流和方向，信息技术将给社会和经济发展带来革命性的变化。出版物是人们获取信息的主要来源，在这种情况下，传统的出版技术已经不能适应信息社会的要求，信息量的增长将推动期刊数字出版技术的发展。

## 四、文化动因：从文化产业崛起到文化产业大发展大繁荣

20 世纪 90 年代，党和政府明确提出要建立社会主义市场经济体制，大力推进包括文化产业在内的第三产业发展的政策，我国文化产业迎来了重要的发展契机。1998 年，我国开始了政府体制改革，许多国家机构被精简，但文化产业司却在文化部机关大精简中成为唯一一个新成立的司。文化产业司建立伊始，立即召开了一系列文化产业研讨会：1999 年 1 月，召开了“全国文化产业发展工作会议”；同年 4 月举办了高规格的“亚欧文化产业和文化发展工作国际会议”；同年 10 月，召开了“首届大城市文化产业研讨会”。这些学术会议及活动的开展标志着我国文化产业进入了“从自发向自觉”的新的历史阶段。

2000 年 10 月，党的十五届五中全会通过的《中共中央关于“十五”规划的建议》中提出，要“完善文化产业政策，加强文化市场建设和管理，推动文化产业发展”及“信息产业与文化产业的结合”。2001 年 3 月，这一建议被九届全国人大四次会议所采纳，并被正式纳入全国“十五”规划纲要中。于是，“文化产业”这个频频出现于报端的概念，第一次正式进入了党和国家的政策性、法规性文件，发展文化产业成为中国国民经济和社会发展战略的重要组成部分，中国的文化产业开始崛起。

2006 年，国家先后公布了《中华人民共和国国民经济和社会发展第十一个五年规划纲要》《国家中长期科学和技术发展规划纲要（2006—

❶ 2006—2020 年国家信息化发展战略［J］. 中国信息界，2007（1）.

2020年)》《国家“十一五”时期文化发展规划纲要》，这三个重要的规划都把发展数字出版、数字印刷技术和发展新媒体列入了科技创新的重点。例如，在《中华人民共和国国民经济和社会发展第十一个五年规划纲要》中指出，要“发展现代出版发行业，积极发展数字出版，重视网络媒体建设”；在《国家中长期科学和技术发展规划纲要》中指出，要突破制约信息产业发展的核心技术，加强信息技术产品的集成创新，大力发展数字媒体内容平台[1]；在《国家“十一五”时期文化发展规划纲要》中明确指出了要大力发展以数字化内容、数字化生产和网络化传播为主要特征的新兴文化产业，大力推进以数字技术和互联网技术为核心的文化生产和传播的新兴行业，加快传统发行业向现代发行业的转换，积极发展电子图书、电子报刊、网络出版物等新兴业态，发展手机网站、手机报刊等新兴的传播载体。[2]

2007年10月，党的十七大报告中提出了“推动社会主义文化大发展大繁荣”的重大战略决策，吹响了我国社会主义文化大发展大繁荣的时代号角。2009年7月22日，我国第一部文化产业专项规划《文化产业振兴规划》由国务院常务会议审议通过，发展文化产业已经被提到了国家战略的高度。2009—2010年，国家新闻出版总署相继出台了《关于进一步推动新闻出版产业发展的指导意见》《关于进一步推进新闻出版体制改革的指导意见》等一系列体制改革指导文件。我国广大新闻出版单位转换了体制机制，新型市场主体脱颖而出，中国文化产业生产力和创造力进一步解放，传播力和影响力明显增强。

2011年10月18日，中国共产党第十七届中央委员会第六次全体会议通过了《中共中央关于深化文化体制改革 推动社会主义文化大发展大繁荣若干重大问题的决定》，文化体制改革进一步深入，文化产业大发展大繁荣战略进一步推进。《国家“十二五”时期文化改革发展规划纲要》指

---

❶ 中华人民共和国国务院．国家中长期科学和技术发展规划纲要［N］．人民日报，2006-02-10．

❷ 国家“十一五”时期文化发展规划纲要［J］．时政文献辑览，2007．

出，要“深入实施科技带动战略，推进文化科技创新”，促进文化产业的大发展大繁荣。

党的十八大以来，以习近平同志为核心的党中央高度重视文化产业发展。习近平总书记在中国共产党第十九次全国代表大会上强调，“文化是一个国家、一个民族的灵魂。没有高度的文化自信，没有文化的繁荣兴盛，就没有中华民族伟大复兴”；“要坚定文化自信，推动社会主义文化繁荣兴盛”。

在文化产业大发展大繁荣政策的推动下，我国文化产业快速发展并迅速壮大，现已成为我国国民经济的支柱性产业之一，在国民经济中占有重要地位。

据国家统计局对全国规模以上文化及相关产业 6 万家企业调查，2018 年，上述企业实现营业收入达到89257亿元[1]，文化业态日益丰富，对经济社会发展的拉动作用日益增强。

文化产业大发展大繁荣战略推动了我国期刊数字出版产业的发展壮大。国家对期刊数字出版产业的高度重视和强有力的政策支持，为我国期刊数字出版产业的技术创新提供了可靠保障。在文化产业大发展大繁荣战略的推动下，我国期刊数字出版产业发生了巨大变革，期刊出版业发展格局发生了重大变化，通过重塑市场主体，引入市场机制，实现了经营性新闻出版产品与市场、资本和受众的接轨，增强了技术创新及产业发展的活力，从而为我国期刊数字出版技术的可持续发展奠定了坚实的基础。

## 五、学科支撑：数字出版教育及研究方兴未艾

数字出版的核心竞争力是数字技术创新能力和管理能力，而提升这些能力的关键是具有复合知识结构的高层次数字出版人才。随着现代电子网络信息技术的迅速发展，我国出版业发生了巨大变革，开始由传统出版业加速向现代出版业转型，在这一背景下，包括网络出版、手机出版等在内的新兴出版业态不断涌现，并已进入高速发展期，数字出版人才培养问题

[1] 2018 年中国文化产业营收增 8.2%［N］. 人民日报（海外版），2019-02-12.

逐渐凸显出来。

相对于传统出版产业而言，数字出版是一种全新的传播技术和传播手段，其集合多种现代技术于一身，涉及的技术领域包括计算机与网络技术、云计算技术、移动网络通信技术、多媒体设计技术、流媒体技术等，这就要求数字出版从业人员既要有扎实的有关数字出版的理论基础和一定的艺术修养，又要有极强的动手能力及实践操作能力。同时，数字出版人才还应了解新媒体特征，懂得新媒体的运营和管理，具有创新的思维模式与丰富的计算机与网络应用能力。2008年，中国出版集团公司总裁聂震宁教授在《数字出版：距离成熟还有长路要走》一文中指出，对于数字出版来说，既精通数字出版物的内容，又熟识数字出版的特性，并熟悉出版流程的复合型人才最为急需，具备数字多媒体开发和应用技术的新型数字技术人才必定会在未来数字出版产业发展中发挥不可替代的重要作用，也必定会是未来数字出版人才市场上的宠儿。[1]

伴随着数字出版产业的不断发展，数字出版对其从业人员能力提出了更高的要求。在这一背景下，出版单位发展的优势并不在于其拥有的资金和财力，而在于其拥有的数字出版人才和技术。数字出版技术的应用和发展引发了业界对新型出版人才的大量需求，也对出版人才的素质、知识结构和综合能力提出了更高的要求，新型出版人才的缺乏已经不能与数字出版的快速发展相适应，成为制约我国数字出版产业发展及技术创新的重要因素之一。

长期以来，在我国真正开设数字出版类专业的高校很少，从事数字出版类工作的人员大多没有与数字出版相关的学历背景。2008年，教育部批准北京印刷学院设立传播学数字出版专业，这是我国第一次直接以“数字出版专业”招生的本科专业。随后，北京印刷学院又相继设立数字出版技术、数字媒体艺术和数字印刷三个专业。[2]根据北京印刷学院2013年12

❶ 聂震宁．数字出版：距离成熟还有长路要走［N］．中国新闻出版报，2008-11-21.

❷ 黄孝章，等．数字出版产业发展研究［M］．北京：知识产权出版社，2011：180.

月公布的《全国高校出版专业建设调查报告》，当时我国共有 5 所高校开设了数字出版专业，分别是北京印刷学院、中南大学、天津科技大学、湘潭大学、武汉大学。❶

除此之外，我国还有一批高校开设了与数字出版有关的专业。自 2003 年北京广播学院（中国传媒大学的前身）开设数字媒体专业以后，至 2010 年，包括北京大学、清华大学、中国人民大学、中国传媒大学在内，全国已有百余所高校开设了数字出版的相关专业。❷上海理工大学所做的调研表明，在这约 100 所高校中，有近 40 所高校在印刷工程、编辑出版学、传播学等专业目录下开设了电子出版、软件工程、数字印刷等课程；个别院校在计算机专业开设了与数字出版相关的专业课程；还有一些高校在相关专业框架内，开设了网络传播、非线性编辑等相关课程。❸2007 年，武汉大学、南京大学、上海理工大学等约 20 所高校设置了数字出版教育硕士研究生班，开展数字出版教育硕士的培养工作，部分高校还进行了数字出版教育方面的相关博士研究生培养。2008 年，武汉大学国际软件学院和信息管理学院联合进行了数字出版工程方向软件工程硕士专业学位研究生的培养工作。2013 年，我国共有 10 所高校招收研究方向为数字出版的硕士研究生，分别是北京大学、北京印刷学院、武汉大学、南京大学、复旦大学、上海师范大学、上海理工大学、武汉理工大学、重庆大学、内蒙古大学；共有 3 所高校招收研究方向为数字出版的博士研究生，分别是中国人民大学、南京大学、武汉大学。❹目前，我国数字出版专业的高等教育已初具规模，一些高校基本形成了本、硕、博完整的人才培养体系。

---

❶ 全国 5 所高校开设数字出版专业［J］. 印刷技术，2014（1）.

❷ 左志红. 百余所高校开设数字媒体技术专业［N］. 中国新闻出版报，2010-07-07.

❸ 郝振省，等. 2007—2008 中国数字出版产业年度报告［M］. 北京：中国书籍出版社，2008：13.

❹ 李建伟，杜彬. 我国数字出版研究生教育现状、问题及建议［J］. 中国编辑，2013（5）.

21 世纪初，一大批数字出版研究机构的建立成为推动我国数字出版技术发展的重要力量。2000 年，中国传媒大学（原北京广播学院）率先成立了数字出版研究所；2001 年，北京大学新闻与传播学院成立了现代出版研究所；2003 年，“首届电子与网络出版发展暨学术研讨会”在武汉华中科技大学举办，在此次会议上成立了中国编辑学会出版编辑专业委员会，并成立了电子与网络出版研究所；2005 年，中国出版科学研究所 DigiBook 数字出版研究中心成立[1]；2009年，江西出版集团数字出版中心成立[2]；2010年，广东数字出版产业联合会成立[3]；同年，北京数字出版联盟和天津数字出版战略联盟分别成立[4][5]；2011 年，青岛数字出版产业联盟成立[6]。 2013年，随着北京国家数字出版产业基地、福建海峡国家数字出版产业基地获得批复，我国的国家级数字出版产业基地数量已达到 12 个（其余 10 个分别是 2008 年成立的上海张江国家数字出版基地、2010 年成立的重庆北部新区国家数字出版基地和杭州国家数字出版基地；2011 年成立的天津国家数字出版基地和江苏国家数字出版基地；2011 年成立的中南国家数字出版基地、华中国家数字出版基地、广东国家数字出版基地；2012 年成立的西安国家数字出版基地；2013 年成立的安徽国家数字出版基地）。除此之外，各地区还根据自身发展的实际情况建立了一些省级、地市级的数字出版产业基地，发展态势良好，我国已初步形成了以东部沿海为先导，以长三角流域为核心，以华北、中南、西北、西南为辐射的数字出版产业的综合布局。[7] 截至 2018 年，我国数字出版基地已完成了华北、华东、华南、华中、西南、西北的总体布局，14 家数字出版基地陆续在上海、重庆、天津、广东、陕西、江苏、

---

❶ 焦清超．中国出版科研所成立 DigiBook 数字出版研究中心［N］．中国新闻出版报，2005-07-11．

❷ 王莹．江西出版集团成立数字出版中心［N］．中国新闻出版报，2009-04-21．

❸ 魏晓薇．广东数字出版产业联合会成立［N］．中国新闻出版报，2010-02-04．

❹ 王坤宁．北京数字出版联盟成立［N］．中国新闻出版报，2010-05-31．

❺ 天津数字出版战略联盟成立［N］．天津日报，2010-08-31．

❻ 毛公强．青岛数字出版产业联盟成立［N］．中国文化报，2011-11-10．

❼ 国家数字出版基地已达 12 个［N］．深圳晚报，2013-05-18．

湖北、湖南、浙江、北京、福建、山东、江西成立。[1]

数字出版教育事业的发展及学术研究的推进，在极大程度上推动了我国数字出版相关技术的创新，促进了相关产业的发展。随着我国数字出版产业的进一步成熟和数字出版消费市场的进一步扩大，数字出版的相关教育及研究将具有更为广阔的空间，数字出版技术也将在更大范围内得到更快速、更高质量的创新。

## 第三节　中国期刊数字出版技术变迁的影响

从一般意义上讲，期刊数字出版技术的变迁是建立在电子计算机技术、网络信息技术发展之上的出版技术的动态进化过程，包括电子计算机技术、互联网技术、IPV6 核心网及 3G、4G 移动通信网络技术在内的每一次重大技术创新和突破都增加了对期刊受众的影响力，对期刊数字出版及其相关产业也产生了重大影响。中国期刊数字出版技术的变迁促进了期刊的跨媒体融合、改变了人们获取期刊信息的方式、加快了中文期刊走向世界的步伐，在推动期刊数字出版及相关产业繁荣发展的同时，对传统期刊出版业产生了一定的冲击。

### 一、促进了期刊出版的跨媒体融合

1984 年，美国马萨诸塞州理工大学教授浦尔在其《自由的技术》一书中最早提出了“媒体融合”（Media Convergence）的概念，书中将“媒体融合”表述为“各种媒介呈现多功能一体化的趋势”。“媒体融合”是信息传播的一种新模式，是在信息传输通道多元化的背景下，将多种信息媒体有效结合，进行集中处理，并通过不同的平台传播给受众，以实现资源共

---

[1] 国家级数字出版基地（园区）研究报告［EB/OL].（2018-07-25）［2018-09-22］. https://www.sohu.com/a/243330930_667892.

享的过程。在媒体融合的情况下，不同的媒介不再以邻为壑，而是兼容互通、融合共生。[1]

在科学技术日新月异的数字传播时代，传统出版信息传播的模式得以改变，数字出版从传统的物流转变为了信息流，期刊出版也已从传统出版产业转变为现代信息技术产业，信息产品与服务的运行模式可在网络技术条件下得到有效运用。[2]新媒体技术的应用极大地丰富了媒体传播的形态，形成了一种全新的出版文化，已经越来越被人们所接受。近年来，在电子计算机及网络信息技术发展突飞猛进的环境下，我国的期刊数字出版技术蓬勃发展起来，新技术新终端不断涌现。一方面，网络新媒体技术的发展改变了期刊的出版方式，将 Flash 动画、TVC 视频、音频、Web 控件、3D 技术和超级链接等多媒体技术集于一身，丰富了期刊信息的表现形式，使期刊从信息量、信息传播速度、覆盖面、影响力等各方面都产生了重大变革；另一方面，网络新媒体技术的发展改变了期刊出版的整个流程，给期刊的出版方式及受众的阅读方式带来了巨大变化。

在这种情况下，人们对信息量的要求越来越大，对信息质量的要求也越来越高，传播媒介为了争夺读者市场，相互之间的竞争不断加剧。对于各传播媒介来说，只有更好地满足受众需求，最大限度地融入现代出版市场，积极发挥自身技术方面的比较优势，才能在竞争中立于不败之地。但同时也要看到，竞争并不是媒体融合的全部表现，竞争催生合作，合作提升竞争，竞争时代是催生合作的时代，合作也是媒介融合的主要表现形式。不同的媒介能够满足不同读者和用户不同的阅读习惯，具有一定的互补性。在多媒体技术发展的当前阶段，不同的媒介还处在不同的出版传播环节和层次上，并在满足不同用户的不同需求方面发挥着不同的功能，这就为它们之间的合作提供了现实的可能性。正因为如此，集合不同出版传播层次上的不同媒介，在统一运作下进行有效整合，实现多种媒介的共融与互补，就能在极大程度上提升相关媒介的市场竞争力，成为其进一步发

[1] 龚新琼. 传播新技术与社会主义和谐社会的构建 [J]. 现代视听，2007 (2).

[2] 张儒. 出版数字化与网络出版 [J]. 出版科学，2002 (1).

展的助推器。当前，媒体的竞争与合作已经成为我国传媒业发展的必然趋势，媒介的共融与互补也已成为期刊数字出版业发展的趋势，这些新变化在提升期刊数字出版的技术功能及市场竞争力方面发挥着日益重要的作用，已成为我国期刊数字出版产业未来的发展方向。从这一意义上讲，期刊数字出版技术的发展在极大程度上促进了期刊出版的跨媒体融合。

## 二、增强了人们获取期刊信息的能力

在传统出版技术条件下，人们习惯于利用印刷型期刊出版物，它可以随时随手翻看，是一种看得见、摸得着的“实物”，查阅资料的方式主要是在图书馆或阅览室逐本查阅，不仅费时费力，而且查询精度极低。

在电子出版技术条件下，期刊的信息载体是磁盘、光盘等电子存储设备，体积小，存储容量大，肉眼看不到其中的具体信息，必须借助于计算机等相关设备才能阅读。期刊数据库大大提高了人们获取期刊信息的精度。

网络技术的发展，尤其是IPV6核心网的建立与应用，改变了人们获取期刊信息的方式，人们可以在任何时间、任何地点通过网络查询到所需要的相关信息，由此打破了信息获取的时间、空间限制。在网络信息技术条件下，我国传统期刊大多通过中国知网、万方数据、维普资讯、龙源期刊等大型传统期刊的网络出版平台进行期刊的网络化出版。随着电子商务技术的发展，期刊的网上付费阅读方式开始出现。读者网上阅读、网上付费，可以整本购买，也可按篇付费。网络电子期刊摆脱了纸张等传统载体的限制，使阅读方式发生了根本性的改变。此外，与纸本期刊相比，网络电子期刊信息量大、时效性强、交互性好、查询精度高、阅读成本低，开拓了期刊发展的新空间，使人们获取期刊信息更加便捷、高效。

随着3G、4G移动通信网络技术的应用与发展，我国手机网民数量增长迅猛，智能手机及平板电脑成为主要的移动阅读终端，用大屏智能手机、平板电脑阅读小说、新闻、杂志、动漫的用户大量增加。随着互联网Web2.0技术的应用，第三代电子杂志即网络多媒体互动杂志自2005年以来进入高速发展时期。网络多媒体互动杂志将图片、声音、视频、3D技术及超链接等技术手段融为一体，以杂志的形式呈现，内容更加丰富生动，提升了人们获取期刊信息的能力。

随着开放存取（OA）技术的应用，期刊信息可以通过互联网进行无障碍传播，任何人都可以免费获取。相对于传统的出版模式而言，开放存取期刊具有成本低、传播广，获取便捷等优点。开放存取期刊（OAJ）保留了传统期刊的价值，通过互联网实现了学术成果的广泛传播和共享，读者可以在更广泛的范围里获得自己所需要的期刊信息资源，可以更自由地进行期刊阅览，从而实现了期刊的开放阅读。

从期刊的传统出版到期刊电子出版、网络出版、移动媒体出版、优先数字出版、开放存取，期刊出版技术的变迁改变了人们获取期刊信息的方式，增强了人们获取期刊信息的能力。在网络信息技术条件下，由于使用超文本链接，用户只需用鼠标点击，即可完成对期刊信息的查询操作，缩短了受众的信息获取时间，信息获取更加方便、快捷；可以以较少的花费（开放存取条件下可免费获取）获得需要的信息，减少了受众获取期刊信息的经济成本，使读者得到更高的“期刊性价比”；读者可以获得更大的阅读自由，不分白天黑夜，就像从自动取款机中取款一样，随时可以得到自己需要的信息；读者有更多的发言权，可与期刊社和作者进行双向的交流，信息的流动速率和利用率大大提升，信息价值也得以充分发挥，这使期刊的个性化出版成为可能。[1]

## 三、加快了中文期刊走向世界的步伐

从文化发展的角度讲，文化的传播与交流是推动人类文化进步的根本力量，没有不同地域、不同民族的广泛的文化交流，无论如何都不会有人类文明的进步与发展，文化的传播与交流是人类文明进步的重要推动力。同时，若在文化交往过程中只注重接纳其他民族的文化，而不善于对外传播本民族的优秀文化，或一味固守本民族的文化，而不吸纳其他民族的优

[1] 陈燕．超越时空：媒介科技史论［M］．石家庄：河北大学出版社，2002：152.

秀文化，最终必将导致本民族文化的衰落。[1] 从这一意义上讲，中国期刊走向世界，逐步扩大在海外的传播与发行，不仅是提升中国期刊业整体国际竞争力、影响力及国家文化软实力的需要，而且也是弘扬中国优秀文化、促进中华文化与世界各民族文化交流的需要。中国期刊出版走向世界是提高中国综合国力的重要途径之一。

长期以来，中国出版走向世界一直举步维艰。近年来，随着网络出版技术的发展，我国几家大的传统期刊互联网出版商的网络发行业务大大促进了中文期刊走向世界的步伐，提升了中文期刊的国际竞争力及影响力。目前，世界一些著名的大学、图书馆及政府机构通过互联网都在使用数字化的中文期刊，如哈佛大学、海德堡大学、牛津大学、日本科技部图书馆、美国国会图书馆、剑桥大学、布鲁克林图书馆、多伦多公共图书馆、皇后图书馆，等等。

据不完全统计，2005 年中国知网一年的海外销售总额为 3200 万元人民币。2006 年 11 月，中国知网和万方数据通过集成和数字化加工，将各自期刊数据库进一步推向海外市场。当时，中国知网、万方数据、维普资讯、龙源期刊这四家传统期刊互联网出版商的大的海外用户至少超过 500 家，其海外发行业务还在进一步拓展。[2]2010 年，中国知网开始建设中国学术文献全球营销网络平台，在美国（北美）、德国（西欧）等建成 8 个境外镜像网站。[3]2007 年，龙源期刊网开始通过互联网向全世界提供优秀中文期刊的订阅服务，并以中国期刊电子期刊阅览室的产品形式开拓了美国、新西兰、加拿大、新加坡、澳大利亚等海外市场。[4]2017 年，中国知网通过与全球上万家出版机构合作，累积整合出版国内外文献总量达 2 亿多篇，日更新数据达 24 万条。2018 年，中国知网在全球 53 个国家和地区

---

❶ 江翠平．中国期刊海外发行探析［J］．出版发行研究，2007（9）.

❷ 郝振省，等．2005—2006 中国数字出版产业年度报告［M］．北京：中国书籍出版社，2007：70–71.

❸ 周红．我国专业类数字内容平台创新模式研究［D］．北京：北京印刷学院，2011：31–32,

❹ 江翠平．中国期刊海外发行探析［J］．出版发行研究，2007（9）.

拥有2.7万多个机构用户，1.2亿个人用户，年下载量23.3亿多篇。而万方数据也已进入包括美国国会图书馆、大英图书馆、牛津大学、康奈尔大学等知名图书馆、高校在内的海外市场，海外用户数量稳步上升。❶在中文期刊向海外市场进军的过程中，网络发行模式成为中文期刊走向海外的主要模式之一，扩大了中文期刊在海外的发行步伐。在数字出版技术发展的推动下，中文数字期刊正借助于互联网这个平台，快速地走向世界。

## 四、推动了期刊数字出版及相关产业的繁荣

当前，以网络化、数字化为代表的现代信息技术在飞速发展的过程中实现了与出版业的完美结合，极大地增强了现代出版的表现力、创造力和传播力。期刊数字出版技术的发展在极大程度上推动了期刊数字出版及相关产业的繁荣。

在期刊数字出版技术的推动下，我国期刊数字出版产业在数据收录、经济效益等方面均呈现出繁荣发展的态势。截至2006年11月，中国知网、万方数据、维普资讯、龙源期刊共收录文献数量已超过5000万篇，呈现集约化的特点。在经济效益方面，2005年，在传统期刊互联网出版和知识库互联网出版方面，中国知网期刊数据库的销售收入为1.4亿元，利润0.26亿元，海外销售达到3200多万元；万方数据的营业额接近2亿元人民币；维普资讯的营业额将近3000万元，利润在100万元左右；龙源期刊的营业收入为800万元。加上人大报刊资料复印中心等单位的收入，整个传统期刊互联网出版行业2005年的产值大概超过4亿元。❷

此外，多媒体互联网期刊也得到了迅猛发展，从2005年年底至2006年年初出现了20多家多媒体期刊的发行平台，拥有用户超过3000万。❸

---

❶ 万方数据：在行业的前端奔跑［EB/OL］.（2009-07-05）［2014-09-12］. http://tech.sina.com.cn/it/2009-07-05/23303236420.shtml.

❷ 郝振省，等. 2005—2006中国数字出版产业年度报告［M］. 北京：中国书籍出版社，2007：54，58.

❸ 黄梦院，申睿. 数字期刊的市场现状和发展问题［J］. 中国出版，2006（9）.

艾瑞市场咨询有限公司（iResearch）的调查数据显示，2005年多媒体网络互动杂志的产值为2000万元人民币左右。[1]《INTENET GUIDE 2007 中国互联网调查报告》中的数据显示，2006年中国网络多媒体互动杂志服务用户规模达到6300万人[2]，总收入为1.02亿元。2007年，我国多媒体网络互动杂志的收入总额达1.60亿元。[3]

2009年，仅就国内主要互联网期刊出版平台来说，数字期刊文献的总访问次数（检索、浏览、下载总量）已经达到60亿次，互联网电子期刊已经成为我国大多数期刊的主要传播方式。从中国知网、万方数据、维普资讯、龙源期刊四家出版商的总体情况看，2006年的收入总额约为4亿元，2009年总收入已经超过6亿元，2010年的总收入为7.49亿元。[4]2011年，我国互联网期刊的总收入达到9.34亿元。2012年，传统互联网期刊出版行业依旧保持增长的态势，虽然整体增速有所放缓，但整个行业销售收入已达到10.83亿元，突破了10亿元大关，与2011年相比，增速为15.95%。[5]2015年，我国互联网期刊出版行业市场规模为15.85亿元，2017年达到20.10亿元，2015—2017年，保持着年均10%以上的稳定增长。[6]

期刊数字出版是一个高度的技术依赖型行业，其发展对相关数字技术产生了巨大需求，这在极大程度上加快了数字技术在期刊出版领域的应用

❶ 艾瑞市场咨询有限公司．中国数字杂志研究报告2005年简版［EB/OL］.（2006-05-08）［2014-09-12］. http://www.doc88.com/p-499549168080.html.

❷ 郝振省，等．2007—2008中国数字出版产业年度报告［M］．北京：中国书籍出版社，2008：87.

❸ 中文期刊网络传播分析报告［EB/OL］.（2010-01-15）［2014-04-19］. http://www.bkpcn.com/Web/ArticleShow.aspx?artid=090412&cateid=A18.

❹ 郝振省，等．2009—2010中国数字出版产业年度报告［M］．北京：中国书籍出版社，2011：90，95.

❺ 郝振省，等．2012—2013中国数字出版产业年度报告［M］．北京：中国书籍出版社，2013：74.

❻ 李广宇，等．2017—2018中国互联网期刊出版产业年度报告［J］．中国传媒科技，2018（11）.

步伐，如提供电子期刊免费在线阅读服务、同步设立官方网站、与通信运营商合作开发手机出版的增值业务等。期刊数字出版技术的变迁在推动期刊数字出版产业发展的同时，明显带动了计算机科学、网络信息、出版软件开发、光电一体化、数字打印、大信息量数字存储及处理、信息交换及互动等期刊数字出版相关产业的发展，有效激发了服务器、磁盘阵列、局域网、电子阅览室、无线通信等相关产业的市场需求，进一步促进了知识服务、数字图书馆、电信服务等文化及信息产业的快速发展。

## 五、对传统期刊出版业的双重影响

信息技术、数字技术和网络技术的飞速发展，对传统出版业产生了深远的影响，它不仅改变了传统出版物的生产和传播方式，同时也在极大程度上丰富了传统出版物的内容和形式，大大增强了其可读性。一方面，期刊数字出版技术的发展及应用推动了传统出版业的革命性变革，促进了传统期刊出版业的发展；另一方面，期刊数字出版技术的发展还导致了传统期刊读者群的流失，使纸质期刊的发行量下降，对传统期刊出版业的发展产生了一定的冲击。

### （一）对传统期刊出版业的积极影响

第一，进一步提升了传统期刊的出版传播水平。随着电子计算机及网络信息技术在期刊出版领域的应用，期刊数字出版新技术层出不穷。许多期刊社为了满足自身发展的需要，不断吸收先进的期刊数字出版技术，在发行纸质媒体的同时，加快了新媒体的建设步伐，使纸质版与电子版同步发行，这在一定程度上提升了传统期刊的出版传播水平。

第二，进一步扩大了传统期刊的影响力。对于传统期刊的纸质出版方式来说，互联网具有传播范围更广、覆盖率更高的技术优势，可以使传统纸质期刊的信息在更大程度上得到传播，人们可以不受时间和地点的限制，通过图标点击就能了解期刊的信息，这种影响远远超过零售和订阅两种模式下的期刊品牌传播，进一步扩大了传统期刊的影响力。

第三，促进了传统期刊出版的信息规范。从一定意义上说，传统纸质期刊的互联网出版并不是对原来纸质期刊的简单翻版，在出版过程中需要严格执行期刊互联网出版的相关技术标准和信息检索标准，这就在一定程度上促进了传统期刊出版的信息规范，对于提升期刊的出版质量具有重要意义。

（二）对传统期刊出版业的冲击

现代网络信息技术打破了传统出版单位的分工和布局，以其先进的传播技术手段，更加强大的分类检索功能及方便、快捷、海量的信息存储方式，实现了期刊出版的低成本运作，对传统出版业的发展造成了一定的冲击。[1]在这种情况下，人们的阅读习惯也逐渐发生了变化。相对于传统期刊来说，互联网期刊信息查阅的便捷性、多媒体期刊更加丰富的表现力等优势越来越受到读者的青睐，公众的纸质媒体阅读率持续下降，网络阅读率则持续上升，传统期刊的潜在读者群大量流失。[2]由此传统纸质期刊面临发行量骤减、广告业务日益萎缩的困境。有的甚至危及到了期刊的生存[3]。根据中国出版科学研究所 2006 年发布的《第四次全国国民阅读与购买倾向抽样检查报告》的数据，当时我国国民传统介质阅读率已经持续 6 年下降，而网络阅读率在 6 年内上升了 6.5 倍[4]。2007 年，我国公众的网络阅读率上升至 44.9%。[5]

可以说，在网络信息技术条件下，传统期刊出版业正面临着全新的挑战。

---

❶ 沈海祥．传统出版业如何迎接数字出版时代［J］．出版科学，2006（1）．

❷ 庄春梅，赵永华．传统期刊在新媒体冲击下的发展探索［J］．今传媒，2013（4）．

❸ 徐文京．面对网络媒体的竞争，传统纸质期刊更应注重“内容为王”［J］．中国传媒科技，2010（7）．

❹ 马国仓．我国国民阅读现状喜忧参半［N］．中国新闻出版报，2006-04-24．

❺ 张丽萍．传统出版背景下，传统期刊业的发展模式创新［J］．编辑之友，2010（8）．

# 第七章　中国期刊数字出版技术变迁的历史启示

## 第一节　中国期刊数字出版技术变迁的经验借鉴

在市场竞争日益激烈的国际形势下，提高技术创新能力是一国转变经济发展方式、谋求经济可持续发展，从而提高其国际竞争力的关键。以史为鉴，可以知兴衰。通过深入研究我国期刊数字出版技术变迁的过程，可以总结出一些规律、经验和启示，这对于促进未来我国期刊数字出版技术的健康发展具有重要的意义。

### 一、期刊数字出版技术创新要有政府的引导和支持

从一般意义上来说，数字出版技术由两个相互关联的部分构成，即有形的“硬”技术和无形的“软”技术。有形的“硬”技术是指那些建立在网络、信息等现代自然科学基础之上的、可以进行物化的技术类型，并以产品的形态直接作用于数字出版生产的整个过程。无形的“软”技术是指那些建立在管理学等现代社会科学基础之上的非物化的技术类型，并以知识的形态间接地作用于人们的生产经营活动中，这类技术以人为载体，以提高数字出版的社会生产力为目的。因此，数字出版技术不仅仅是一个自然科学的概念，同时需要将其纳入社会科学的范畴中考虑，这是由数字出版技术的自然属性和社会属性所共同决定的。数字出版技术的创新不可能是某一单个传播要素的单一发展，而是出版系统整体水平的全面提升。

现代技术创新是一个极为复杂的系统工程，呈现出越来越复杂的趋势。实际上，在技术创新的过程中，政府是主要的组织者和协调者，其主要任务是通过合理的制度安排创建一个技术创新体系，并在其中起到引导、扶持、协调等重要作用；研究机构和大学作为技术创新的主体，在研发过程中不断发现新知识、新技术，并使这些新知识、新技术体系化，使其达到能够进入生产领域进行实践应用的程度；企业则根据市场需求，在相关制度的安排下，把创新的知识转化为新的产品，满足市场的需求，并能够在这一过程中赢利。技术创新过程需要多方面力量的协同配合才能够实现，单个企业无法整合地区乃至全国的资源来推动国家层面的技术创新，这就需要政府层面的宏观管理和统一协调。

政府是国家创新体系中的重要组成部分。20 世纪 90 年代以来，由于信息革命的飞速发展及经济与科技的全球化、一体化进程的不断加快，各国（各地区）均开始实施自己的技术创新计划以适应全球化的挑战。因地制宜地制定符合本国、本地区的产业技术创新战略及政策以实现产业价值链上的高层次攀岩，已成为现代政府的新职能和新职责。在这一背景下，原来以企业为唯一主体的技术创新模式发生了根本改变，政府在技术创新中的作用日益凸显，已经成为提高产业竞争力的重要因素，成为产业技术创新的重要推动力量。一方面，从经济学角度讲，技术创新的成果具有非独占性的特征，不会被企业长期独占，在技术扩散及外部效应的作用下技术创新的成果将会由整个社会分享。这一非独占性特征严重影响着企业开展技术创新活动的积极性，这就要求政府必须要直接参与到技术创新的过程中，在基础研究的投入、承担研究开发的风险等方面有所作为，并通过技术创新的溢出效应让社会整体分享到技术创新的成果，这同时也有利于技术扩散。另一方面，对于一些具有长远战略性的技术研发来说，因其短期内缺少可观的经济价值，作为“理性经济人”的企业不可能涉足，这就要求政府应在这些领域发挥必要的支持和引导作用，以实现这一领域的技术创新。[1]在市场经济条件下，由于市场的外部性、垄断及某些技术创新产品的公共品特征，使得市场在配置创新资源方面的作用有限。这时，就需要政府在建设创新基础设施、培育创新主体、制定创新机制、保护创新者权益及实施必要的政策工具等方面进行适度的干预和协调，对技术创新过程予以必要的鼓励、支撑、扶持和引导，从而在一定程度上弥补“市场失灵”带来的缺陷，从根本上推动技术创新活动的顺利开展。[2]

近年来，经济合作与发展组织（OECD）的专家们针对政府在技术创新过程中的作用进行了大量的富有成效的研究，并取得了丰硕的成果。他们认为，技术创新是政府、企业、大学（研究院所）、中介机构等为了一系列共同的社会和经济目标，通过建设性地相互作用而构成的具有创新特征的系列活动[3]，这一创新系统被称为国家创新系统[4]（如图7-1）。政府在国家创新体系中承担着完善创新的投入机制和政策、营造自主创新的氛围、制定合理的激励措施、提供技术创新所必需的基础设施建设、为企业的自主创新打造平台、保护创新者权益、承担创新风险等重要功能，扮演着指挥者和协调者的角色，是技术创新的重要组织者。[5]政府在技术创新方面的准确职能定位及积极的组织协调作用，是建立高效的国家创新体系的前提条件。

---

❶ 曾方. 技术创新中的政府行为——理论框架和实证分析［D］. 上海：复旦大学，2003：6.

❷ 朱雪祎，方存好，孟硕. 区域技术创新体系中的市场失灵与政府选择的研究［J］. 中国软科学，2007（5）.

❸ 李正风，曾国屏. OECD国家创新系统研究及其意义——从理论走向政策［J］. 科学学研究，2004（2）.

❹ 国家创新系统是指一个国家内各有关部门和机构间相互作用而形成的由经济和科技的组织机构组成的推动创新的网络，是以政府为主导、充分发挥市场配置资源的基础性作用、各类科技创新主体紧密联系和有效互动的社会系统。

❺ 李慧，聂银菊. 共性技术创新发展中的政府作用研究述评［J］. 科技管理研究，2018（17）.

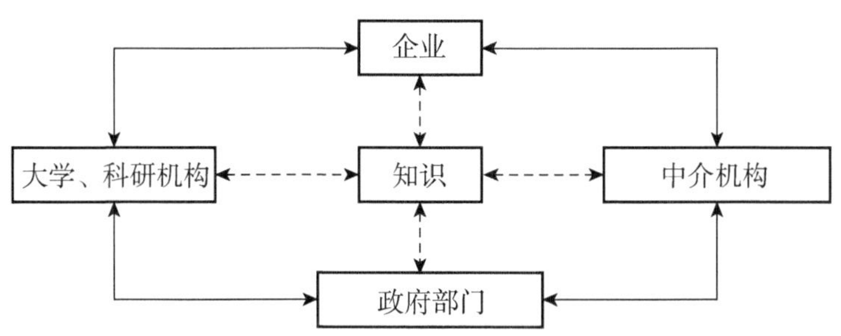


**图 7-1　OECD 的国家创新体系结构图**

纵观中国期刊数字出版技术的变迁过程，政府发挥了重要的基础性支撑作用。自党的十七大报告提出“推动社会主义文化大发展大繁荣”的重大战略决策以来，相关部门先后发布、实施了《文化产业振兴规划》《关于进一步推进新闻出版体制改革的指导意见》《关于进一步推动新闻出版产业发展的指导意见》《中共中央关于深化文化体制改革 推动社会主义文化大发展大繁荣若干重大问题的决定》《国家“十二五”时期文化改革发展规划纲要》《报刊业“十二五”时期发展规划》《数字出版“十二五”时期发展规划》《新闻出版业数字出版“十三五”时期发展规划》等一系列重要文件，构筑了我国期刊数字出版技术创新的坚实政策基础，极大地促进了期刊数字出版技术的发展。

## 二、期刊数字出版技术创新要以市场为导向

技术创新，是指生产技术的创新，是人们通过研究或应用新技术、新材料和新创意开发出新产品或新工艺，并最终应用于商业化以满足市场需求的过程。技术创新是产业创新的基础。对于市场经济条件下的技术创新过程来说，新产品和新工艺的开发完成并不意味着整个创新过程的完成，其只走出了创新的第一步。技术创新全过程的完成与否，还要看创新的产品（或新工艺）能否批量生产和销售，也就是要看其是否能够被市场广泛应用。可以说，技术创新过程的完成以新产品（或新工艺）的市场化为标志，一项新产品的开发，能否市场化的关键不仅仅是技术

本身，还包括产品之外的市场。[1]技术创新不是独立的技术行为，没有什么比市场机制更能激励技术进步。[2]市场激励应是技术创新激励的主要激励方式。

对于企业来说，技术创新和市场需求是推动企业发展的内外两大核心动力，而持续的需求能够为持续的技术创新提供市场条件。从一般意义上说，只要创新产品（或工艺）能够进入市场并被市场所认可，创新企业就能够得到技术创新的收益，而正是对这种创新收益的期望，使得人们不断进行创新，从而形成“技术创新→市场认可→获得创新收益→继续技术创新”的良性循环。[3]因此，以市场需求为导向，在政府的宏观调节下，让市场在具有经济活动属性的创新资源配置中起基础性作用，是加速产学研结合，进而促进技术创新的关键。

党的十八大报告指出，要把科技创新作为企业提高核心竞争力的重要支撑，加快构建以企业为主体、市场为导向、产学研相结合的技术创新体系，市场在技术创新过程中应发挥基础性的激励作用。改革开放以来，我国期刊数字出版技术的发展取得了巨大成就，技术形式不断创新，市场规模迅速扩大，相关企业的竞争力不断增强。但相对于我国科技进步和科技实力的迅速增长而言，我国期刊数字出版技术创新的功能和效力还远未得到充分发挥，技术创新仍处于初级阶段。目前，我国期刊数字出版技术创新大部分集中在高校、科研院所和一部分企业，还未形成规模，与市场导向机制还存在着一定的偏差，这势必会影响技术创新的步伐及质量。因此，依市场需求而动，以市场导向为主，是市场经济条件下我国期刊数字出版技术创新的必行路径。

---

❶ 吴庆松．企业技术创新市场导向：困境与出路［J］．商学研究，2018（5）．

❷ 罗劲松，王义高．重大技术突破与市场规模发展的规律［J］．湖南行政学院学报，2008（1）．

❸ 高国生．基于循环经济的企业技术创新机制的构建［J］．企业科技与发展，2018（2）．

## 三、教育与科研是期刊数字出版技术创新的基本推动力

大体来看，当今世界的技术创新主要有三种形式，即政策激励的技术创新、市场拉动的技术创新及科技驱动的技术创新。政策激励型技术创新的主体是政府，通过政府部门的宏观管理、政策制定、基础支撑及资源调配形成技术创新的外部环境，进而营造技术创新的氛围。市场拉动的技术创新是以市场为导向的技术创新方式，其创新的主体是企业。在市场拉动的技术创新过程中，市场需求主要体现在对创新产品的需求，进而转化为对创新技术的需求上，从而能够推动技术创新的步伐，为技术创新提供动力。相对于政策激励的技术创新和市场拉动的技术创新而言，科技驱动的技术创新是依靠科学理论及技术的突破等方式达到的创新，其创新主体主要是高等院校及科研机构，创新难度较大。科技推动的技术创新一旦发生，其创新的推动作用更强。知识创新体系的建立主要是为了完成科技驱动的技术创新。

知识创新体系是知识生产、扩散和应用的耦合系统。如果说教育是知识创新一翼的话，那么科研则是知识创新的另一翼，建设高等教育与科学研究有机结合的知识创新体系是实现技术创新的有效载体，同时也是全面推进技术创新的有效途径。

在我国期刊数字出版技术的发展过程中，高校数字出版相关专业的开设、研究生的培养及科研院所的建设与发展对期刊数字出版技术的创新起到了至关重要的推动作用。但长期以来，我国广大高校数字出版相关专业设置相对滞后，人才培养还不能满足市场和行业的需求，从事数字出版的人员水平参差不齐，熟悉期刊出版流程、经营管理、设计营销的应用型、复合型、技能型人才极度匮乏，这些因素严重制约着期刊数字出版产业的发展。因此，在未来我国期刊数字出版技术创新及发展的进程中，必须要大力发展与期刊数字出版相关的教育及科研事业，在政策、专业设置等方面给予一定的倾斜，努力形成一批具有若干相关优势学科的教育研究基地和人才队伍，以满足数字出版技术创新对人才的迫切需求，从根本上保障

数字出版技术创新的稳步推进，这是保证持续性技术创新的根本所在。

## 四、业界的合理竞争是推动期刊数字出版技术创新的有效途径

随着经济全球化、一体化进程的不断加快，各国纷纷加入世界范围的国际产业分工，世界产业格局正在经历着重大而深刻的调整和变革，产业竞争和产业整合成为产业发展的时代主题。产业竞争和产业整合一方面会给企业的生存和发展带来挑战，但同时也会给企业提供新的机遇，倒逼企业不断转型升级，增强企业自主创新和竞争能力，以适应日益激烈的竞争环境，从而获得更大的发展空间。[1]从产品生命周期角度讲，技术创新不仅可以使企业抑制因产品生命周期变化而出现的收益递减趋势、延长产品市场占有周期，而且能够通过控制市场技术领先权而获得较为持久的高额利润，保持企业的长期赢利。[2]同时，业界的合理竞争会推动市场分工的逐步细化，而市场分工的细化又会使竞争更加趋于合理，形成较为健康的产业发展格局。

业界竞争是形成企业技术优势、找准自身市场定位的主要推动力量。在我国期刊数字出版产业的发展进程中，我国各专业期刊出版平台在业界竞争的驱动下，注重培育自身优势，其期刊数据库产品形成了较为明显的差异：中国知网除了以收录学术期刊为主的《中国学术期刊网络出版总库》外，还建立了其他非学术期刊库；万方数据的主要经营优势是以中华医学会系列期刊为主的医学期刊和部分科技期刊的网络版；维普资讯主要经营优势是一般科技期刊和基础教育、文艺、文化类期刊的互联网文献服务；龙源期刊网形成了基础教育、文艺、文化类期刊的网络与手机出版的经营优势。

市场分工的逐步细化，使业内竞争从同质化产品的恶性价格竞争开始

---

❶ 韩霁．市场导向 推动企业科技进步［N］．经济日报，2012-04-13．

❷ 任峰，李垣．市场导向与技术创新的关系研究［J］．中国软科学，2003（6）．

走向较为规范的经营模式竞争，各大期刊平台的发展规模不断壮大。合理的市场竞争在推动技术创新、拉动产业发展的同时，形成了竞争→市场细化→更加合理的竞争的市场竞争态势，促进了我国期刊数字出版技术的发展。竞争是技术创新的持久动力，业界的合理竞争是推动我国期刊数字出版技术创新的有效途径。

## 五、要加强自主创新

人类文明进程越来越深刻地证明了科学技术对经济发展和社会进步的重要推动作用。中国作为技术后发国家，利用国际先进技术，加快发展步伐，是实现技术创新的重要途径。邓小平同志曾指出："对外开放具有重要意义，任何一个国家要发展，孤立起来，闭关自守是不可能的，不加强国际交往，不引进发达国家的先进经验、先进科学技术和资金，是不可能的。"[1]大量实证研究表明，对发达国家先进技术的引进与模仿是自主创新的基础和补充，是相对落后国家在发展过程中的必经阶段。回顾历史，在我国期刊数字出版技术的发展进程中，引进了诸如期刊稿件采编技术、学术不端检测技术、云计算技术等大量的国外先进技术，其在较大程度上提高了我国期刊数字出版产业发展的技术水平，实现了期刊数字出版局部性的跨越式发展。但在技术引进之后，对引进技术的分析、研究、消化、吸收及在此基础上的创新并不明显，大多数企业以模仿创新为主、自主创新为辅，使得技术创新多在低层次、低水平上进行，其产品具有明显的趋同性特征。尤其在"市场换技术"政策的影响下，大多数企业只顾眼前利益，忽略了整个产业的技术创新。

自主创新是一个国家产业发展、民族进步的灵魂。目前，在我国期刊数字出版技术条件下，不能完全依赖技术引进和模仿跟进，要有选择地在一些具有战略性的领域实现突破。要发挥比较优势和后发优势，加强借鉴基础上的自主创新，从根本上推进我国期刊数字出版技术的质量发展和高

[1] 邓小平文选（第3卷）[M]. 北京：人民出版社，1993：117.

端升级，在更高层次、更广范围、更大程度上实现期刊数字出版核心技术的自主创新。

## 第二节 中国期刊数字出版技术的未来发展趋势

### 一、期刊数字出版技术将进一步向跨媒体、立体化方向发展

随着数字出版技术的快速发展，单一的纸质媒体已经不能满足人们日益增长的精神文化需求，电子媒体、网络媒体、流媒体等新媒体层出不穷，大大方便了人们的学习与阅读，增强了人们获得信息的能力。当下，人们可以通过台式电脑、笔记本阅读，也可通过手机、平板电脑等移动终端进行期刊阅读。可以说，随着移动互联网技术的日益发展，利用PC电脑、手机、平板电脑等设备进行阅读已经成为期刊阅读的主要方式。未来，随着各种数字阅读终端设备的不断普及，在用户多元化阅读需求的背景下，期刊数字出版技术将会进一步向跨媒体、立体化方向发展。

### 二、期刊数字阅读技术将进入内容为主的“后终端时代”

数字出版科技创新及应用是期刊数字出版产业发展的根本动力。近年来，我国数字出版产业发展日新月异，新技术、新终端层出不穷，新型阅读载体不断涌现，阅读方式丰富多彩。随着阅读终端产品种类的不断丰富，精美的数字读物已经逐步得到相应硬件的支持，数字出版开始进入后终端时代。

阅读的目的永远是为了获得优质的内容资源。在新媒体的冲击下，期刊出版业的发展被寄托在出版媒介及阅读终端的创新上，而期刊出版的内容曾一度被忽视，这显然是一个误区。新的数字出版技术虽然能使期刊的出版模式及阅读方式发生颠覆性的改变，但期刊出版及阅读的本质依然是

围绕内容生产而进行的创造性劳动，内容生产依然是期刊出版的核心，从选题、编辑加工、校对到出刊，这些传统期刊出版的流程，仍然是数字出版的核心流程。在数字出版技术飞速发展的背景下，期刊的转型依然需要以内容吸引读者，满足读者的阅读需求，并适应读者已然变化的媒介接触习惯和阅读喜好。

阅读终端并不是消费者决定是否阅读的关键因素，电子资源用户的阅读焦点仍然聚集在内容资源上，内容依然是阅读的实质。因此，随着期刊发展“后终端时代”的到来，期刊内容将成就新的王者。当前，在网络信息技术突飞猛进的情况下，一般化的信息已经不再是稀缺资源，人们能够获得的信息越来越丰富，对个性化的信息要求也越来越高，这就要求数字出版的内容要更具特色化和分众化的特点。可见，在期刊的数字出版进程中，期刊的内容仍是决定期刊品牌及影响力的关键，只要以优质的内容吸引读者，满足读者的阅读需求，就完全能够在数字化浪潮中站稳脚跟，赢得更多的读者和市场。

## 三、“注重用户体验”将成为期刊数字出版技术创新的主要方向

数字出版不仅扩展了出版业的内容，拓展了出版物的传播空间，丰富了出版业的生产形式，而且从根本上改变了人们对出版产品的消费观念及消费体验。互动性是网络与新媒体区别于传统媒体使用体验的最重要的特点之一。未来，“注重用户体验”将成为期刊数字出版技术创新的主要方向，数字期刊的内容服务将进一步实现便捷化和互动化。更加注重用户体验，将成为未来出版单位迎合用户消费观念的主要途径。

期刊的数字出版方式，不仅仅是期刊内容的电子化与网络化，而且是一种全新的传播呈现和阅读方式。数字期刊不仅有文字，还有高像素的精美清晰的图片及音频、视频等多媒体呈现方式，既保留了传统期刊的内容，又加入了新技术和新形式，从而全面提升了用户的阅读体验。在创新用户体验方面，未来的期刊数字出版将会从用户需求出发，在更高层面和更大程度上将传统纸质阅读、互联网阅读、移动终端阅读的界限打通，追

求高品质的内容呈现，让读者拥有更多的选择空间，使其成为一个真正的期刊内容专注者。内容出版和内容服务融合互动的数字化是未来数字期刊发展的一大趋势。

## 四、期刊数字出版技术创新对专业人才的需求将更为迫切

未来，随着行业竞争的日益加剧，人才储备将成为大数据时代期刊数字出版单位的主要争夺领域。相对于传统出版而言，数字出版要求从业者必须具备很高的业务水平。数字出版产业的发展速度越快，对人才的数量和质量要求就越高。在我国数字出版急速发展的背景下，数字出版人才还远不能满足产业发展的需要，信息技术领域的复合型人才匮乏问题凸显，这将会严重影响期刊数字出版产业的建设和成长。相对于传统出版而言，未来大数据时代期刊数字出版的高新技术将会呈加速态势迅速涌现，这就对期刊数字出版从业者的知识结构及技术、管理水平提出了更高的要求。因此，大数据时代对期刊数字出版从业人员的基本要求应包括较高的技术素养和数据分析能力，同时精通数字出版业务和市场运作。未来，期刊数字出版市场对期刊数字出版专业人才的需求将更为迫切。

## 五、期刊数字出版技术创新的盈利模式将会逐步清晰

无论是新媒体还是传统媒体，盈利模式始终都是必须解决的关键问题。当前，中国期刊业的数字出版发展状况之所以仍然不够理想，重要原因之一就是产业链和盈利模式仍然不成熟。目前，我国期刊数字出版产业的主要盈利模式主要有有偿的阅读和信息服务、与大型网站合作、品牌营销和广告植入三种模式。

第一种是有偿的阅读和信息服务。在移动市场上，用户支付阅读费用和相关的流量费，数字期刊通过与电信服务运营商合作分成，便可实现稳定的盈利。例如，中国知网通过与期刊界及各内容提供商达成合作，已经发展成为集期刊、硕博学位论文、会议论文、报纸、工具书、年鉴、专利、标准、国学、海外文献资源为一体的国际化网络出版平台，其收入来

源于收费阅读下载、有偿信息服务等多种渠道。

第二种是与大型网站合作，打造三方共赢格局实现盈利。例如，在2012年数字出版年会上，龙源期刊网发布了iPad杂志商店“刊”平台，开启了中文期刊进入iPad的先河，龙源期刊网也因此成为我国首家进入iPad的中文综合类媒体。与龙源期刊网合作的一些期刊（《读者》《中国新闻周刊》《财经天下周刊》等）实现了iPad杂志商店的同步发行，用户也可以通过进入iPad杂志商店“刊”平台进行阅读，实现了期刊、网站与用户的三方共赢。

第三种是探索品牌营销和广告植入等创新盈利模式。大型期刊数字出版平台及一些知名期刊都具备较高的品牌影响力，网站访问量较大，数字期刊的点击率和下载阅读量也很大，较高的网站访问量及点击率使其拓展广告营销等增值服务的盈利方式成为可能。

当前，我国期刊数字出版的盈利模式以付费阅读及拓展广告营销等增值服务为主，形成了大型网站、期刊数字出版平台、用户三方合作共赢的盈利方式。盈利模式的多元化在一定程度上改变了期刊数字出版单一发展的格局，但目前有效的可持续盈利模式还没有真正形成。在未来新媒体环境下，消费者针对数字内容产品的付费意愿将不断提升，尤其是移动阅读人群的增长，将使数字期刊的盈利模式进一步拓展和成熟，从而带动产业链的进一步完善。

## 第三节　当前中国期刊数字出版技术创新的制约因素分析

### 一、自主创新能力不足，人才匮乏问题凸显

当前，我国出版界将转型的落脚点更多地放在了技术和设备的引进

上，对自主研发的投入明显不足，重引进轻创新，致使大多数字出版单位的自主创新能力缺乏，在数字出版产业链中仍然处于低端环节，从而在世界范围内的出版业竞争中处于弱势地位，技术创新的参与度较低。现阶段，我国期刊数字出版基本上由技术提供商引领，呈现一定程度的垄断特征，除少数有实力且资金雄厚的出版集团在有限的范围内拓展数字出版业务以外，我国众多中小型出版单位受制于资金、管理水平及人才状况的制约，在数字出版及高端数字产品的研发和输出方面难有作为。

期刊数字出版创新的关键是数字技术的创新能力和相关企业管理能力的提升，而这恰恰是期刊数字出版核心竞争力的主要内容。归根结底，以上两方面主要体现在具有复合知识结构的高层次数字出版人才上。与期刊的传统出版不同，期刊的数字出版要求从业者不仅要具备极高的出版业务素质，同时还要熟练掌握现代数字出版相关技术。从一般意义上说，期刊数字出版产业的发展速度越快，其对期刊数字出版技术创新的要求就越高，对人才的数量和质量的需求就越迫切。当前，在我国期刊数字出版产业急速发展的背景下，数字出版人才还远不能满足产业发展的需要，具备较高的出版业务素质并熟练掌握现代数字出版相关技术的复合型人才匮乏问题凸显，这从根本上制约着我国期刊数字出版技术的创新。我国期刊数字出版产业的发展仍处于探索阶段，还不具备进行大规模自主创新的基本条件。虽然我国在出版人才的培养及科学研究方面已初具规模，形成了专科、本科、硕士和博士等多层次、多方向的人才培养体系，但面对迅猛发展的数字出版产业，人才培养滞后甚至脱节于数字出版产业的发展仍是不争的事实。就目前来看，国内能够培养数字出版专业人才的高校较少，社会上又缺乏数字出版方面的再教育，导致许多人仓促入行，技术水平参差不齐，影响了期刊数字出版产业的可持续发展。同时，大多期刊出版单位在人才管理方面还不够规范，人才管理仍停留在传统的人事管理模式上，阻碍了优秀人才的培养与引进，这是导致复合型人才匮乏的根本原因。因此，如何通过树立全新的期刊出版产业发展理念、优化期刊出版类相关学科的师资队伍、建立新的课程体系构建全新的人才培养模式，为期刊数字出版培养复合型人才，已成为我国期刊数字出版人才培养方面需要迫切研究和解决的重要课题，成为我国期刊数字出版产业能否可持续发展的关键。

## 二、产业链条尚不健全，行业标准严重滞后

就我国期刊数字出版产业当前的发展状况而言，其产业链并不畅通，产业链内各环节缺乏有效的交流与合作是制约其技术创新的主要障碍。对于产业发展来说，一个运行良好的产业链条上的每个环节都应有细致的专业分工，只有通过各环节有效的交流与合作，才能形成产业链发展的整体优势，形成“1+1>2”的良好态势。当前，我国期刊数字出版产业呈现模式多样化、内容增值技术化和参与主体复杂化的发展趋势，在期刊数字出版产业的持续发展进程中，其产业链将会越来越复杂。在现代电子网络信息技术飞速发展及社会化阅读逐步深入的背景下，期刊数字出版产业链有必要重新整合，构建一条完整、和谐的产业价值链是促进期刊数字出版技术创新的当务之急。

标准化是一个产业发展成熟的重要标志，也是技术创新的有利保障。近年来，我国期刊数字出版产业发展迅速，但标准化体系还没有完全建立起来，在产品生产、交换、流通及版权保护等诸多方面都缺乏规范标准。目前，我国各类期刊数字出版物的技术标准尚没有统一规定，各大期刊数字出版商分别采用不同的技术标准，极不利于行业内容的交换和整合。统一的行业技术标准的缺失使期刊数字出版物的兼容性、便捷性大打折扣，限制了整个行业的有效整合和业界合理的技术交流，已经成为产业发展的一大短板，阻碍和制约了产业的健康发展。

我国期刊数字出版行业主要包括传统出版单位、技术开发商、网络和通信运营商三种参与单位。在期刊数字出版行业的具体运营过程中，这三类单位均遵循各自的盈利方式进行数字化生产或转化。在实际操作过程中，传统出版单位作为数字出版内容的提供商，主要负责传统出版内容的数字化转化，在数字出版产业链中处于低端环节；从事技术开发的企业作为数字出版的技术提供商，主要负责相关技术的转化，在数字出版产业链中处于核心地位；网络和通信运营商主要依靠其强大的网络终端服务于数

字出版行业，以实现数字出版业的正常运转。目前，我国期刊数字出版企业大多规模较小，竞争力相对较弱，在世界期刊数字出版产业链中仍处于低端环节。此外，由于发展不充分，缺乏统一的联盟平台，期刊数字出版商之间不能有效交换信息，导致信息资源的荒置和浪费及格式众多的数字产品。在这种情况下，出版机构希望作者能够提供符合其出版软件支持格式的稿件，数字发行商希望内容提供者能够提供符合其标准格式的数字内容，而对于读者来说，由于不同数字技术提供商不同平台的不同格式难以无缝对接，其阅读就表现得不够便捷，这与跨媒体出版所提倡的“一次制作，多元应用”的理念是不相符的。

## 三、版权困局亟须破解，监管机制有待进一步完善

在整个期刊数字出版的技术创新过程中，版权保护问题尤为关键。我国政府依据数字出版产业发展的实际情况，采取了一系列促进新兴业态发展及技术创新的行之有效的措施，制定了《数字版权保护平台基本技术要求》《数字版权标识符（DCI）》《版权保护标准体系表》等技术标准，这些标准涵盖了版权保护标准体系的框架建设、数字版权作品身份标识、数字版权保护平台和技术等诸多领域，为数字版权作品的识别、登记、交易、结算、取证及数字版权保护平台的搭建与数字版权保护技术研发工程的有序进行了规范与引导。但由于我国期刊数字出版的产品用户规模庞大，内容容易拷贝复制，且盗版者具有分散、匿名等特点，现阶段对数字内容终端侵权的监控还存在一定难度，严重阻碍了行业的正常、健康发展。目前，我国还未出台专门的数字版权保护法。虽然 2010 年修订的《中华人民共和国著作权法》及 2013 年修订的《信息网络传播权保护条例》明确界定了网络著作权的法律定义，但对侵权范围的规定还不够明确细致。现行的《互联网出版管理暂行规定》《互联网著作权行政保护办法》及《最高人民法院关于审理涉及计算机网络著作权纠纷案件适用法律若干问题的解释》等法律法规也已明显不适应数字出版条件下的版权保护要求，其中涉及诸如证据效力的确定、权利主体的认定、授权方式及范围、利益分配

和责任的认定等问题都需要法律的进一步细化和明确。由于数字出版的版权保护力度较弱，导致数字出版主体的合法权利，尤其是经济权利难以得到有效维护。此外，与期刊数字出版相关的诸多出版业务都面临版权问题，由于著作权主体数量巨大且种类繁多，数字出版侵权案件面临取证难、认定难、维权成本高等一系列问题。

电子信息技术日新月异，网络出版的发展速度越来越快，大众参与程度也越来越高，因此，监督管理的难度极大。相对于传统出版而言，互联网出版的管理对象具有极强的特殊性。在传统出版的监管过程中，一直以来都实行审批登记，依靠发文、年检、选题规划、样本缴送等管理手段，这显然不能与互联网出版的监管要求相适应，导致主管机关对期刊的互联网出版无法达到有效监管，严重制约了我国期刊数字出版产业的技术创新。此外，我国期刊数字出版还存在多头管理的现象，要申请行政执法，就必须涉及文化、新闻出版、工商、公安等多个部门，监管成本极高，且这些管理部门主要采取行政许可的监管手段，缺乏有效的事后和动态监管机制。监管机制的不健全及监督与协调中间机构的缺位已成为制约我国期刊数字出版产业技术创新的主要瓶颈。因此，加强期刊数字出版产业的行业内部版权管理已迫在眉睫。如何从源头上遏制侵权问题，形成数字版权司法保护、行政保护及技术保护的有效结合，应该成为下一阶段政府相关主管部门优先考虑的关键问题。

## 四、集群创新水平不高，有效的盈利模式还未真正形成

期刊数字出版产业集群既是内容提供商、平台服务商、网络运营商、硬件生产商等产业链角色的内部集中，也是期刊数字出版产业外部衍生企业或组织的组群行为。产业的集群发展能够推动集群企业在竞争与合作间寻求有效的平衡点，进而实现集群企业间的协同创新，形成企业主动规划准确的竞争区间和产业定位、各环节各司其职、集群企业在自身的优势领域侧重有序的发展态势。相比于游离在集群外的单个企业而言，产业集群在技术研发、技术扩散、协同创新、资本运营等方面更具优势，

具有更大的发展空间和潜力。事实证明，集群创新是数字出版产业技术创新的主要动力源泉之一。经过多年建设，我国数字出版产业集群已初步形成了数量上的规模化，表现为各地产业基地的建设浪潮。虽然我国各级数字出版基地纷纷建立，但目前我国大多期刊数字出版单位新技术的研发与应用还只是在单个企业范围内进行，期刊数字出版产业集群的发展并不均衡，还没有发挥集群优势，对市场的占有率和影响力损失严重。当前，我国期刊数字出版产业的技术创新及集群发展机制还不成熟，产业集群职责界限不清晰，“企业是实的、集群是虚的”，集群创新水平不高，产业的规模发展优势难以真正体现。

期刊数字出版的盈利模式归根结底就是统借其内容、技术和服务从用户处得到付费收入，从而实现盈利。尽管数字科技迅速发展，数字产品琳琅满目，但人们从印刷物到屏幕的阅读习惯的改变仍需要一定时间。当前，我国期刊数字出版产业在产品内容与种类上已经具备一定的规模，技术创新的步伐也越来越快，但远未在质量和效益上形成经济规模，统一、稳定的盈利模式还未形成。前文已述，我国期刊数字出版领域主要有三种盈利模式。第一种为有偿的阅读和信息服务；第二种是与大型网站合作，打造三方共赢格局实现盈利；第三种是探索品牌营销和广告植入等创新盈利模式。具体来说，主要有免费提供数字出版产品、有偿消费、与硬件捆绑销售三种消费模式。在这三种销售模式中，免费模式占主要地位，主要依靠广告收入获取收益。目前，我国几大期刊数字出版平台的盈利模式以网上包库和镜像为主，广告为辅，仍未形成新的有效增长点。包括中国知网、万方数据、维普资讯在内的传统期刊互联网出版商多采取网站上的广告业务。其中，维普资讯制订了比较完整的网站广告招商和管理方案；中国知网利用十几年发展塑造的品牌形象，吸引了很多学术期刊杂志社、科研院所、研究机构及高水平会议的广告投放。这种广告形式符合学术传播的特点，具有一定的针对性，但却无法形成规模化的广告营销，因而收益极其有限。同时，大部分多媒体杂志或期刊发行平台由于缺乏足够的品牌影响力，读者规模有限，也无法吸引广告主的投放兴趣。在这种情况下，广大免费运营商为了节约成本，只将传统出版或者其他网站的内容简单复制，导致出版质量低下，广大消费者对数字产品有偿消费的意愿不高，使有偿消费的发展举步维艰，期刊数字出版的有效盈利模式难以真正形成。

## 第四节　提升中国期刊数字出版技术创新水平的对策建议

### 一、增强自主创新能力，提高期刊数字出版人才的培养水平

科技进步和技术创新是转变产业增长方式、有效提高产业增长质量和速度的重要途径，而提高自主创新能力是推动产业技术进步的关键因素。一方面，应继续加大对期刊数字出版产业的科研投入力度，充分发挥市场在科技资源配置中的基础性作用。众所周知，科技投入是科学研究和技术创新的重要基础，是推动技术进步的基本要素，是技术进步和生产率提高的根本保障。当前，在加大财政对技术创新和科技投入支持力度的同时，各级政府可以考虑建立相关的激励投融资制度，采取有效措施对政府资金及民间资金进行合理引导，吸引各类资金科学有序地投向期刊数字出版领域。另一方面，要在充分发挥企业在技术创新中的主体作用的基础上，注重产学研的结合，为期刊数字出版产业的发展营造良好的技术进步条件。企业是创新主体，企业的创新能力是整个期刊数字出版产业技术创新的基础。但目前我国广大期刊数字出版相关企业在规模与实力方面还不具备独自承担技术创新的能力，在这方面必须要加强与高校和科研机构的合作，充分发挥国家科研机构的引领作用，充分发挥大学的基础和生力军作用，进一步形成科技创新的整体合力，逐步形成协同创新的发展态势。而从当前的实际情况看，高校和科研机构还存在着不同程度的经费支撑问题，所以还需要在政府层面给予强力的支持。另外，从创新的方式来看，广大期

刊数字出版相关单位应根据其不同的发展阶段，针对不同产品和不同的技术领域分别采取自主创新、模仿创新和合作创新三种不同的模式，扬长避短，实现技术创新与技术改造相结合，自主创新与模仿创新、合作创新相结合，从根本上提高期刊数字出版的技术研发能力。

人是最活跃的生产力，高端数字出版人才的有效供给是我国期刊数字出版产业可持续发展的重要支撑和有效保障。伴随着期刊数字出版产业的飞速发展，我国期刊数字出版领域的高端人才储备与培养问题凸显，已成为制约期刊数字化出版产业发展的主要“问题”，严重影响了我国高端期刊数字产品的输出层次。期刊数字出版人才的培养应从以下几个方面入手。第一，政府部门、科研单位、大中专院校要在期刊数字出版人才的培养方面充分发挥各自优势，形成期刊数字出版人才培养的良好氛围。要加大期刊数字出版人才培养基地建设，鼓励有条件的高校开办期刊数字出版的相关专业，并在人才培养方面把好“入口关”“教学关”和“出口关”，培养能够满足期刊数字出版产业发展需要的高级专业人才。第二，应进一步推动出版专业学位与出版职业资格的紧密衔接，形成数字出版人才的多元化培养体系。第三，应进一步探寻产学研一体化发展的有效途径，促进高等院校、企业与研究机构的有效沟通和合作，在产学研协同发展的过程中提升期刊数字出版从业人员的业务水平，为高端期刊数字出版人才的培养提供有力保障。

## 二、科学整合期刊数字出版产业，优化产业链利益分配

随着经济全球化、一体化进程的逐步推进及国际分工的逐步细化，市场竞争的层次不断升级，已由过去单个产品、单个企业之间的竞争逐步转向国家间产业链之间的竞争，由产业链低端向产业链顶端的攀升是提升国际竞争力的有效途径，其生产效率及在产业链上的高低已成为决定一个国家核心竞争力的关键要素之一。对于任何一个产业来说，构成其产业链的各个环节是一个统一的有机整体，产业链上的每个环节都具有前后向的供需关系，其上下游之间具有内在的逻辑性且联系紧密，各环节之间协作的

紧密程度直接影响着整条产业链的运行效率。传统期刊出版业一般只包括编辑加工、产品印刷和发行销售等有限的几个环节，产业链较短，而期刊数字出版产业还包括诸如衍生产品生产企业、数字化技术研发企业、数字化技术应用企业等许多环节。当前，我国期刊数字出版产业链上还缺乏统一的出版技术标准，期刊数字出版产业的发展面临诸多困境。在这一方面，不仅要整合数字内容出版商，通过有效运营实现数字出版产品数据格式的一致性，同时还要整合数字技术提供商，加强集成研发，不断优化产业链上的利益分配。只有通过数字出版产业链的有效整合，充分发挥产业链条上各个环节的比较优势，扬长避短，实现其在产业价值链上的逐步攀升，才能够从根本上提高我国期刊数字出版产业链的整体运行效率，降低期刊数字出版产品的生产成本，在更大程度上激发读者的消费需求。但考虑到我国期刊数字出版产业目前的发展状况，在具体实践过程中，还需要加强政府在宏观层面的正确引导，积极采取有效的配套措施，加大对期刊数字出版技术创新方面的投入力度，促进监管机制的健全及管理体制的创新，科学整合期刊数字出版产业，形成促进期刊数字出版产业技术创新的内在动力。

### 三、加强期刊数字出版的版权保护力度，构建有效的监管机制

相对于传统的出版方式而言，期刊的数字出版具有从内容生产、产品形态到管理过程的数字化特点，复制容易，侵权现象时有发生且监管困难。因此，加强数字出版的版权保护力度对期刊数字出版业的可持续发展至关重要。目前，我国的相关立法如《中华人民共和国著作权法》《音像制品管理条例》《互联网出版管理暂行规定》《中华人民共和国著作权法实施条例》及《出版管理条例》等在期刊数字出版方面的针对性和可操作性不强，在鼓励期刊出版创新方面还存在诸多现实问题。因此，在制定期刊数字出版产业的相关政策时，应从技术创新的版权保护方面给予更多的支持，必须强调创新的重要性。一方面，要加强期刊数字出版产品内容方面

的创新，不断完善创新激励制度，通过制定相关政策、法规，引导作者发表原创作品，促进期刊数字出版内容质量的稳步提升；另一方面，还要在期刊数字出版商业模式的创新上下功夫，探索适合我国期刊数字出版发展阶段的可行、有效的商业模式，在有效的版权保护制度下，鼓励期刊的数字出版技术创新。

此外，我国期刊数字出版产业的发展离不开健全的监管服务体系。在监管机制建设方面，有必要将数字出版和数字传播企业进行分类分级管理，并在此基础上制定相关政策，将数字内容出版企业、数字化内容加工企业、数字化内容投送和传播企业进行严格分类，分别授予其资质并纳入管理。在这方面，应考虑建立期刊数字出版管理平台，实现对期刊数字出版平台的统一、综合、全面管理。这样，不仅可以将期刊数字出版监管思路与技术手段有机融合，而且可以将符合条件的期刊数字出版运营平台纳入统一的管理体系中来，实现规范化管理，进而夯实对期刊数字出版产业发展的监管基础，提高期刊数字出版的管理水平和内容质量，促进我国期刊数字出版水平的全面提升。

## 四、促进期刊数字出版集群创新，逐步形成有效的盈利模式

在我国数字出版的发展过程中，存在集群建立初期政府话语权偏大，集群发展期政府又过早放手、自由放任市场力量来主导集群的现象，这在极大程度上限制了产业集群的发展。为促进出版产业的快速发展，我国先后出台了《新闻出版业“十二五”时期发展规划》和《数字出版“十二五”时期发展规划》，为“十二五”时期我国数字出版业的发展奠定了坚实基础，但对期刊数字出版产业集群发展的形式及相关政策并没有涉及。我国传统期刊出版业的数字化转型最终能否成功，关键就在于是否能够找到一个适合我国国情及我国期刊出版业发展特点的盈利模式。为解决这一问题，一方面要整合现有数字出版集群的主管部门，理顺其工作关系，对国家级集群和省市级集群进行有效整合，避免分散、混乱和不利于集群的布局及协调发展的现象；另一方面，还要注重引导期刊

数字出版相关企业之间的互利合作，建立起适合我国期刊数字出版产业发展实际状况的资源共享机制，制定出集群发展的合理规划，培育具有较强市场竞争力的企业群，提高企业协作共赢的程度和水平，形成有效的盈利模式，推动产业集群的稳健运行，推进我国期刊数字出版产业的可持续发展。

# 参考文献

## 一、中文著作类

[1] 陈昌曙. 技术哲学引论［M］. 北京：科学出版社，1999.

[2] 陈小波，高正平. 磁光存储技术原理［M］. 成都：电子科技大学出版社，1994.

[3] 陈燕. 超越时空：媒介科技史论［M］. 石家庄：河北大学出版社，2002.

[4] 程素琴. 数字出版传播特性研究［M］. 北京：中国广播电视出版社，2010.

[5] 丛中笑. 王选的世界［M］. 上海：上海科学技术出版社，2002.

[6] 多米尼克. 大众传播动力学：数字时代的媒介（第七版）［M］. 北京：中国人民大学出版社，2009.

[7] 邓小平文选：第 3 卷［M］. 北京：人民出版社，1993.

[8] 何琳. 开放存取：数字时代学术信息交流新模式［M］. 北京：现代教育出版社，2008.

[9] 黄孝章，等. 数字出版产业发展研究［M］. 北京：知识产权出版社，2011.

[10] 匡导球. 中国出版技术的历史变迁［M］. 长沙：湖南人民出版社，2009.

[11] 赖茂生，陈建龙. 信息世界的挑战——21 世纪的信息技术［M］. 北京：科学技术文献出版社，1995.

[12] 刘全香. 数字印刷技术［M］. 北京：印刷工业出版社，2006.

［13］菲德勒．媒介形态变化——认识新媒介［M］．明安香，译．北京：华夏出版社，2000．

［14］史田华，等．信息组织与存储［M］．南京：东南大学出版社，2003．

［15］苏铁青，彭慧亮．数字印书与计算机直接制版技术［M］．北京：印刷工业出版社，2007．

［16］唐跃进．光盘信息存储与保护［M］．北京：中国档案出版社，2005．

［17］王京安．激光照排工艺［M］．北京：印刷工业出版社，1991．

［18］王政挺．传播：文化与理解［M］．北京：人民出版社，1998．

［19］向飒．期刊数字化发展及品牌延伸［M］．北京：中国传媒大学出版社，2013．

［20］谢新洲．数字出版技术［M］．北京：北京大学出版社，2002．

［21］徐柏容．期刊编辑学概论［M］．沈阳：辽宁教育出版社，1995．

［22］徐昌权，李玉成，周世生．电子出版原理及应用［M］．北京：印刷工业出版社，1997．

［23］徐昌权．电子出版原理及应用［M］．北京：印刷工业出版社，1997．

［24］许清茂．杂志学［M］．厦门：厦门大学出版社，2002．

［25］叶红．磁盘操作系统［M］．重庆：重庆大学出版社，1994．

［26］殷幼芳．实用电子分色制版技术［M］．北京：印刷工业出版社，1993．

［27］袁亮．出版学概论［M］．沈阳：辽海出版社，2000．

［28］张江陵，金海．信息存储技术原理［M］．武汉：华中科技大学出版社，2000．

［29］张觉明．现代杂志编辑学［M］．北京：中国书籍出版社，1987．

［30］张逸新，刘春林．CTP 技术与应用［M］．北京：印刷工业出版社，2007．

［31］张志强，左健．中国出版业发展报告——新千年来的中国出版业

[M]. 南京：南京大学出版社，2013.

[32] 周蔚华，等. 数字传播与出版转型 [M]. 北京：北京大学出版社，2011.

## 二、英文著作类

[1] BARBARA A FANSON. Start and run a desktop publishing business [M] .Lanham, MD: National Book Network, 2004.

[2] CHESBROUGH H W. Open innovation: the new imperative for creating and profiting from technology [M] . Boston: Harvard Business School Press, 2003.

[3] MARK W F CONDON, MICHAEL MCGUFFEE.Really publishing, really publishing! How to create digital books by and for all ages [M] . London: Heinemann Educational Books, 2001.

[4] ROBERT E, BAENSCH. The publishing industry in China [M] . New Brunswick: Transaction Publishers, 2003.

[5] RICHARD GUTHRIE. Publishing [M] . London: SAGE Publications Ltd, 2011.

## 三、中文期刊论文类

[1] 安青. 科技期刊排版软件的选择 [J]. 中国科技期刊研究，1991 (3).

[2] 鲍刚. 编辑领域的深刻变革 [J]. 报刊管理，2000 (3).

[3] 毕昱. 3G 时代的手机出版与传统出版 [J]. 出版发行研究，2009 (5).

[4] 曹前. CTcP 技术综述 [J]. 广东印刷，2006 (3).

[5] 陈婕. 我国期刊数字化的发展进程和面临的问题 [J]. 学习月刊，2011 (16).

[6] 陈莲娜，梁自力. 谈谈磁带机在计算机系统备份中的地位 [J].

电子计算机与外部设备，1999（1）.

[7] 陈彤．从铅与火到0与1——我国出版技术30年发展概述［J］. 出版广角，2008（7）.

[8] 陈蔚丽，陈如好．国内外三大开放存取期刊资源整合平台的比较分析［J］. 图书馆学研究，2013（1）.

[9] 陈夏洁，邱宇．电子出版系统中常用的移动存储介质［J］. 出版与印刷，2001（2）.

[10] 陈筱燕，等．计算机直接制版技术的优势［J］. 印刷世界，2002（5）.

[11] 陈雪频．多媒体杂志，你靠什么赚钱？［J］. 青年记者，2006（13）.

[12] 陈雁．四通全能排版系统研制成功［J］. 广东印刷，1995（3）.

[13] 程建忠．光盘技术的发展及我国的现状［J］. 科技信息，1994（2）.

[14] 邓向阳，彭祝斌．云计算数字出版业发展的助推器［J］. 编辑之友，2010（9）.

[15] 董瑾．论网络时代学术期刊编辑工作的变革与要求［J］. 现代学报，2005（7）.

[16] 窦鑫磊．方正激光照排创新之路［J］. 科技成果纵横，2005（3）.

[17] 方卿，周洁．关于数字出版模式的思考［J］. 中国出版，2011（19）.

[18] 冯蓓，许洁．我国开放存取期刊平台的发展思路与对策［J］. 中国科技期刊研究，2010（4）.

[19] 龚维忠．杂志与期刊概念辨析［J］. 湘潭大学学报（哲学社会科学版），2004（6）.

[20] 龚新琼．传播新技术与社会主义和谐社会的构建［J］. 现代视听，2007（2）.

[21] 官建成，张爱军．技术与组织的集成创新研究［J］. 中国软科学，2002（12）.

［22］郭晶．浅谈网络与出版［J］．出版发行研究，2001（8）．

［23］国外文献资料的引进情况［J］．医学情报工作，1981（3）．

［24］何菊玲．试论编辑主体意识的现代化［J］．唐都学刊，2001（1）．

［25］和欢庆．国内外数字印刷发展现状［J］．今日印刷，2006（11）．

［26］侯毅．磁存储技术的研究［J］．硅谷，2012（9）．

［27］黄健．网络时代背景下新媒体传播业的基本现状和发展趋势［J］．沿海企业与科技，2009（3）．

［28］黄梦院，申睿．数字期刊的市场现状和发展问题［J］．中国出版，2006（9）．

［29］黄孝章，杨界宁，王佐．数字出版产业发展模式类型概述［J］．北京印刷学院学报，2012（1）．

［30］贾继洵．计算机直接制版［J］．印刷信息，1994（5）．

［31］江翠平．中国期刊海外发行探析［J］．出版发行研究，2007（9）．

［32］金军，邹锐．集成创新与技术跨越式发展［J］．中国软科学，2002（12）．

［33］景翠宁．浅析 CTP 直接制版机分类［J］．今日印刷，2008（1）．

［34］景一．数字化科技期刊的独家经营模式［J］．科技与出版，2010（10）．

［35］匡导球．中国出版技术体系及其发展历程［J］．南京社会科学，2009（6）．

［36］蓝崇钰．中国高校自然科学学报文摘国际联机检索成功［J］．中山大学学报（自然科学版），1989（2）．

［37］李春如，杜原，林立．计算机直接制版时代已经到来［J］．印刷杂志，2000（5）．

［38］李建伟，杜彬．我国数字出版研究生教育现状、问题及建议［J］．中国编辑，2013（5）．

［39］李清善．网络时代编辑过程的现代化［J］．郑州大学学报（自然科学版），2001（4）．

［40］李文博，郑文哲．企业集成创新的动因、内涵及层面研究［J］．

科学学与科学技术管理，2004（9）.

［41］李新章，等. 计算机直接制版系统［J］. 电子出版，1996（3）.

［42］李正风，曾国屏. OECD 国家创新系统研究及其意义——从理论走向政策［J］. 科学学研究，2004（2）.

［43］梁华凝. 科技期刊数字化独家经营之理性审视［J］. 科技与出版，2011（8）.

［44］梁明佩，等. 科技期刊编辑部运用稿件管理处理平台的实践经验——以“网刊通 V9.0 采编系统”为例［J］. 科技情报开发与经济，2012（23）.

［45］梁志建，徐广生，方宇彤. 科学期刊编辑工作流程再造探索及实践［J］. 编辑学报，2005（2）.

［46］罗劲松，王义高. 重大技术突破与市场规模发展的规律［J］. 湖南行政学院学报，2008（1）.

［47］吕娟. 刍议中国知网期刊采编系统的应用［J］. 贵州师范学院学报，2012（2）.

［48］马廷钧. 磁光效应与磁光存储［J］. 大学物理，1997（3）.

［49］毛荐其，杨海山. 技术创新进化过程与市场选择机制［J］. 科研管理，2006（3）.

［50］孟蓉，南山. 计算机直接制版技术的发展［J］. 电子出版，1998（6）.

［51］闵捷. 字里行间的现代化——经济日报激光照排车间印象［J］. 中国记者，1987（9）.

［52］朴明珠. 网络环境下期刊编辑流程新特点及应对策略研究［J］. 新闻界，2010（3）.

［53］秦海林. 数字印刷在我国的发展状况与前景［J］. 印刷杂志，2001（12）.

［54］任峰，李垣. 市场导向与技术创新的关系研究［J］. 中国软科学，2003（6）.

［55］任全娥. 数字化学术期刊的产业链分析与共赢模式构想：由“独

家授权协议”引起的思考［J］. 情报资料工作，2012（3）.

［56］沈海祥. 传统出版业如何迎接数字出版时代［J］. 出版科学，2006（1）.

［57］沈吟东. 光盘技术及其在我国的应用［J］. 现代图书情报技术，1994（2）.

［58］孙云奋. 我国技术进步缓慢原因分析［J］. 合作经济与科技，2007（3）.

［59］童光才，杨祖彬. 计算机直接制版技术的发展问题及动向［J］. 包装工程，2009（6）.

［60］万锦堃. 中国高校自然科学学报文摘（英文磁带版）CUJA 文献数据库研制报告［J］. 现代图书情报技术，1986（3）.

［61］万晓霞. 印刷复制技术研究综述［J］. 出版科学，2002（增刊）.

［62］王昌栋，陈翔，幸建华. 科技期刊排版如何选用排版软件［J］. 中国科技期刊研究，2007（1）.

［63］王春燕. 应用 LaTeX 系统排版自然科学类期刊的优势分析［J］. 出版科学，2007（3）.

［64］王京粤. 浅议出版文化与精神文明［J］. 锦州师范学院学报（哲学社会科学版），2003（2）.

［65］王钜春. 中国期刊网的建设及其对期刊工作的影响［J］. 理论导刊，1999（10）.

［66］王俊，罗如柏，周世生. CTcP，传统 CTP 的延伸与发展［J］. 广东印刷，2006（6）.

［67］王栾生. 编辑是外载信息优序化的文化缔构活动——对任氏编辑定义的修正［J］. 编辑之友，1995（4）.

［68］王瑞强. 数字印刷的发展与应用［J］. 信息记录材料，2009（5）.

［69］王少林. LATEX 在科技期刊排版中的应用［J］. 吉林工程技术师范学院学报（自然科学版），2006（12）.

［70］王世勤. 激光照排技术与激光照排机［J］. 影像技术，2001（4）.

［71］王选. 报业、印刷业进入电子与激光照排的新阶段［J］. 中国科

学院院刊，1992（2）.

［72］王选．电子出版在中国的发展——回顾与展望［J］．印刷技术，2007（6）.

［73］王治国．论学术期刊出版流程的电子化［J］．暨南学报（哲学社会科学版），2009（3）.

［74］夏旭．我国光盘数据库发展的现状及对策［J］．现代图书情报技术，1999（2）.

［75］肖洪武．加快建设科研与教育有机结合的知识创新体系研究［J］．科技和产业，2008（5）.

［76］刑燕霞，张存林．计算机直接制版技术及应用［J］．光学技术，2000（2）.

［77］徐丽芳．数字出版：概念与形态［J］．出版发行研究，2005，（7）.

［78］徐文京．面对网络媒体的竞争，传统纸质期刊更应注重“内容为王”［J］．中国传媒科技，2010（7）.

［79］许刚，闫红．计算机直接制版技术在现代印刷业中的应用［J］．河北工业大学成人教育学院学报，2004（4）.

［80］许花桃．综合性科技核心期刊有线数字出版现状与分析［J］．编辑学报，2012（4）.

［81］许瑞超．技术引进：促进我国经济跨越式发展的助推器［J］．商业现代化，2006（3）.

［82］许育彬，杨智全，宋亚珍．关于科技期刊在线投稿系统使用的建议［J］．编辑学报，2010（3）.

［83］杨丹丹，朱静雯．开放存取期刊发展及其对我国社科类学术期刊发展的启示［J］．出版科学，2013（6）.

［84］杨贵山．1993 年与电子出版有关的统计数字［J］．出版参考，1994（21）.

［85］杨华，等．用方正书版 7.0 进行科技期刊的图文混排［J］．中国科技期刊研究，2000（5）.

[86] 杨明秀. 我国光盘技术发展的现状及对策 [J]. 武陵学刊，1997（4）.

[87] 叶虎. 期刊互联互通——更深、更广的网络化和国际化 [J]. 中国科技期刊研究，2006（Z1）.

[88] 殷步九. 一种专业化、规范化、面向设计者的办公自动化及专业排版新工具——四通易排全能排版系统 [J]. 今日印刷，1995（4）.

[89] 殷建民，等. “华光书林”多文种科技书刊排版软件 [J]. 今日印刷，1994（3）.

[90] 殷建民，等. 华光书城——全新的专业书刊排版软件 [J]. 今日印刷，1995（3）.

[91] 游滨，彭建国，刘敢新. 信息技术发展对编辑活动的影响 [J]. 编辑学刊，2001（3）.

[92] 俞依玲，张林琳. LaTeX 软件在学术论文排版中的应用 [J]. 价值工程，2012（35）.

[93] 袁光曦. 我国多媒体互动杂志发展的瓶颈与前景解析 [J]. 新闻记者，2010（12）.

[94] 张成良. “多媒体融合”：泛媒体时代的生存法则 [J]. 传媒，2006（7）.

[95] 张虹. 科印排版技巧及版式处理 [J]. 云南大学学报（自然科学版），1995（17）.

[96] 张景安. 实现由技术引进为主向自主创新为主转变的战略思考 [J]. 中国软科学，2003（11）.

[97] 张科，王景发. 期刊网络采编系统研发及系统功能分析 [J]. 大学图书馆学报，2008（4）.

[98] 张立. 数字出版相关概念的比较分析 [J]. 中国出版，2006，（12）.

[99] 张丽萍. 传统出版背景下，传统期刊业的发展模式创新 [J]. 编辑之友，2010（8）.

[100] 张旻浩，高国龙，钱俊龙. 国内外学术不端文献检测系统平台的比较研究 [J]. 中国科技期刊研究，2011（4）.

［101］张旻浩，高国龙，钱俊龙．国内外学术不端文献检测系统平台的比较研究［J］．中国科技期刊研究，2011（4）．

［102］张儒．出版数字化与网络出版［J］．出版科学，2002（1）．

［103］张瑞，熊松，韩惠敏．信息技术与科技期刊编辑工作模式的变革［J］．江汉大学学报（社会科学版），2008（4）．

［104］张维，芮海田，赵跃峰．学术期刊数字独家授权出版及其可持续发展［J］．长安大学学报，2013（2）．

［105］张小强，史春丽．独家数字出版与期刊影响因子关系的实证分析［J］．编辑学报，2014（3）．

［106］张占超．计算机直接制版技术及设备［J］．印刷杂志，2004（2）．

［107］张震．国家创新体系中的政府推动机制及启示［J］．世界经济与政治论坛，2006（6）．

［108］郑筱梅，杨小玲．期刊网络化趋势及科技期刊应对策略［J］．编辑学报，2009（2）．

［109］钟文一．电子期刊对纸媒的冲击及其发展前景［J］．人民论坛，2010（5）．

［110］钟细军，厉亚．云计算与期刊云——科技期刊未来的新平台［J］．出版发行研究，2011（11）．

［111］周冯灿．iPad 与新闻阅读方式的变革及其影响：一种消费主义的视角［J］．东南传播，2011（6）．

［112］周玉波．文化力略论［J］．湖南师范大学社会科学学报，2003（5）．

［113］朱慧娟，孙跃岐，朱虹．Microsoft Word 在科技期刊排版中的应用［J］．黑龙江商学院学报（自然科学版），1997（2）．

［114］朱遐．“万方数字化期刊系统”与“清华中国学术期刊全文数据库系统”特点比较及互补性利用分析［J］．农业图书情报学刊，2003（6）．

［115］朱雪祎，方存好，孟硕．区域技术创新体系中的市场失灵与政府选择的研究［J］．中国软科学，2007（5）．

## 四、英文期刊论文类

[1] ANTELMAN K. Do open access articles have a greater research impact?[J]. College and Research Libraries, 2004(65).

[2] AUER S, LEHMANN J. Creating knowledge out of interlinked data [J]. Semantic Web, 2010(1).

[3] CHESBROUGH H W. Open innovation: how companies actually do it?[J]. Harvard Business Review, 2003(7).

[4] MURRAY F, STERN S. Do formal intellectual property rights hinder the free flow of scientific knowledge? An empirical test of the anti-commons hypothesis [J]. Journal of Economic Behavior and Organization, 2007(4).

## 五、学位论文类

[1] 黄晓薇. 网络学术期刊出版研究 [D]. 武汉：华中科技大学，2006.

[2] 姜天赟. 网络出版研究 [D]. 济南：山东大学，2007.

[3] 匡导球. 二十世纪中国出版技术变迁研究 [D]. 南京：南京农业大学，2009.

[4] 沈红宇. 当代中国文化软实力问题研究 [D]. 北京：中共中央党校，2013.

[5] 王丽丽. 论知识经济时代的技术创新及其知识产权保护 [D]. 长春：吉林大学，2004.

[6] 夏翠军. 学术期刊的开放存取出版研究 [D]. 武汉：武汉大学，2005.

[7] 殷克涛. 数字出版生态链研究——构建、资源流转及生态效率 [D]. 武汉：武汉大学，2016.

[8] 曾方. 技术创新中的政府行为——理论框架和实证分析 [D]. 上海：复旦大学，2003.

[9] 曾元祥. 数字出版产业链的构造与运行研究 [D]. 武汉：武汉大学，2015.

[10] 郑雪洁. 数字出版时代学术期刊产业价值链优化与发展策略研究 [D]. 西安：陕西师范大学，2017.

## 六、报纸类

[1] 陈珊，卢臻. 中国移动手机阅读业务年入 25 亿元 数字阅读迎来发展春天 [N]. 人民邮电报，2013-03-12.

[2] 陈涛. 国内文化产业总产值去年突破 4 万亿 [N]. 北京日报，2013-01-06.

[3] 杜一娜. 第十次全国国民阅读调查发布 [N]. 中国新闻出版报，2013-04-19.

[4] 韩霁. 市场导向 推动企业科技进步 [N]. 经济日报，2012-04-13.

[5] 洪玉华. 龙源期刊网提出网络发行量概念 [N]. 中国新闻出版报，2009-11-20.

[6] 焦清超. 中国出版科研所成立 DigiBook 数字出版研究中心 [N]. 中国新闻出版报，2005-07-11.

[7] 李鹏. 龙源期刊网用户突破 500 万大关 [N]. 中国图书商报，2011-07-01.

[8] 李文珍. 纸媒为什么不会消亡 [N]. 中国社会科学报，2011-11-24.

[9] 李新宇. 数字出版专业人才培养的现状与途径 [N]. 中国新闻出版报，2011-04-18.

[10] 刘扬. 首批 50 家公司获网络出版权 [N]. 中华新闻报，2004-01-09.

[11] 柳斌杰. “一种信息、多种载体、复合出版”是出版单位的发展趋势 [N]. 中国新闻出版报，2008-05-05.

[12] 柳斌杰. 加强复合型出版人才培养是数字出版发展的当务之急

[N]. 中国新闻出版报，2009-07-21.

[13] 罗先华. 长沙师范学校设数字出版与印刷传媒系 [N]. 中国新闻出版报，2009-06-19.

[14] 马国仓. 我国国民阅读现状喜忧参半 [N]. 中国新闻出版报，2006-04-24.

[15] 毛公强. 青岛数字出版产业联盟成立 [N]. 中国文化报，2011-11-10.

[16] 聂震宁. 数字出版：距离成熟还有长路要走 [N]. 中国新闻出版报，2008-11-21.

[17] 屈辰晨. 关注用户体验 扩大用户需求 [N]. 经济日报，2010-05-05.

[18] 任晓宁，吴巧云. 移动阅读：数字期刊迎来付费时代 [N]. 中国新闻出版报，2012-07-26.

[19] 任晓宁，朱春霞. 数字期刊：先理顺版权再传播作品 [N]. 中国新闻出版报，2012-06-14.

[20] 苏新宁，韩普，王东波. “独家协议”不利于学术交流 [N]. 光明日报，2011-11-01.

[21] 苏州. 关于学术不端行为的几点思考 [N]. 光明日报，2009-10-27.

[22] 汤潮. 手机龙源网：探索移动阅读的完美模式 [N]. 中国社会科学报，2012-11-28.

[23] 王飞. 从铅与火到光与电 [N]. 科技日报，2009-09-18.

[24] 王坤宁. 中国出版业网站加强资源集成 传播方式更多样化 [N]. 中国新闻出版报，2009-11-17.

[25] 王立元. 传统期刊如何走数字化之路 [N]. 中国文化报，2011-01-09.

[26] 王莹. 江西出版集团成立数字出版中心 [N]. 中国新闻出版报，2009-04-21.

[27] 王玉梅. 2010 年全国新闻出版业基本情况发布 [N]. 中国新闻出版报，2011-09-06.

［28］王珠珠. 用信息技术加速实现教育现代化［N］. 经济日报，2010-07-08.

［29］魏晓薇. 广东数字出版产业联合会成立［N］. 中国新闻出版报，2010-02-04.

［30］严隽琪. 积极推进传统出版向数字出版转型［N］. 中国新闻出版报，2012-08-30.

［31］杨雪. "开放获取"的前世今生［N］. 科技日报，2014-02-23.

［32］左志红. 百余所高校开设数字媒体技术专业［N］. 中国新闻出版报，2010-07-07.

［33］汤广花. 数字化驱动出版与知识服务创新［N］. 中国新闻出版广电报，2018-09-13.

［34］陈莹. 数字出版亟须顶层设计［N］. 中国出版传媒商报，2019-03-29.

## 七、年鉴类

［1］中国出版年鉴（1990—2017）［Z］. 北京：中国出版年鉴社，1991—2018.

［2］中国新闻年鉴（1985—2017）［Z］. 北京：中国新闻年鉴社，1986—2018.

［3］中国信息产业年鉴（2001—2017）［Z］. 北京：中国电子工业出版社，2002—2018.

［4］中国科技统计年鉴（2001—2017）［Z］. 北京：中国国家统计局，2002—2018.

## 八、网络资源类

［1］艾媒咨询集团. 2012 中国智能手机市场年度报告［EB/OL］.（2013-04-16）［2014-02-06］. http://www.docin.com/p-672664370.html.

［2］工信部：我国 4G 用户总数达到 11.1 亿［EB/OL］.（2018-07-20）

[2018-07-26]. http://finance.people.com.cn/n1/2018/0720/c1004-30160546.html.

[3] 张立．2007—2008 中国互联网期刊出版年度报告（七）：互联网期刊出版的总体态势与基本特点 [EB/OL].（2009-03-20）[2014-03-06]. http://blog.sina.com.cn/s/blog_4b0920d60100d4n9.html.

[4] 周围围．国家信息中心：中国信息社会指数超过 0.4 位列全球 88 位 [EB/OL].（2015-05-16）[2015-05-21]. http://news.youth.cn/gn/201505/t20150516_6637641.htm.

# 后　记

本书是在我博士学位论文的基础上修改完成的。

2015 年，我以《中国期刊数字出版技术变迁研究》为题，通过了南京农业大学人文学院博士学位论文答辩，但对论文的内容并不满意。毕业后，工作占去了绝大多数时间，但对博士论文的修改一直没有停止。工作之余，我通过查阅资料、与老一辈期刊工作者交流，不断地对博士论文进行补充、修改和完善。此书付梓出版，算是给博士阶段画上了句号。

感谢我的博士导师衣保中教授。从论文选题、资料搜集到撰稿、修改，衣教授都给予了悉心指导，在此，谨向衣保中教授表示深深的感谢。

南京农业大学人文学院王思明教授对本书给予过多次指导。先生学识广博，待人宽厚，与先生的每一次交流都使我受益匪浅，对先生的感激之情溢于言表。

东北师范大学商学院李春艳教授多年来一直鼓励我继续求学深造。恩师是我走向学术道路的引路人，在学习、工作和生活的各个方面对我关心有加，在此向李教授表示诚挚的谢意。

感谢内蒙古社会科学院杂志社牧仁总编辑在工作和生活上对我的关心和帮助，并在我攻读博士学位时给予我的理解和支持。

感谢同窗学友范虹珏、殷志华、蒋忠华、杨慧、汪天梅、王燕等的热心帮助；感谢哈尔滨工业大学胡畔博士、吉林省社会科学院肖国东博士、吉林师范大学杨明博士，与他们的交流给了我很多有益的启发；感谢同事曲锋、吴伊娜在本书写作过程中提出的有益建议。

感谢同窗知己宋仁秀，他的睿智、幽默总能使我在百思不得其解时茅塞顿开。

感谢知识产权出版社陆彩云、高源两位老师，他们为本书的编排校对付出了心血。

最后，感谢家人长期以来对我的支持。回首走过的岁月，每一步都凝聚着父母的汗水，每一步艰辛坎坷都有父母的陪伴，感谢父母默默无闻的付出，正是因为有了他们的支持、鼓励和对我的殷切期望，我才有继续前进的动力；感谢姐姐和姐夫长期以来在经济方面的支援、在生活方面无微不至的关心；感谢爱人的理解和支持，在我写作遇到困难时安慰我、鼓励我，使我渡过难关，最终能够完成此书。

感谢所有帮助过我的良师益友！

张立伟

2019 年 4 月 1 日